A mi mujer, por su constante apoyo y comprensión a la hora de poder dedicarme a mis pasiones;

A mis padres y abuelos, por la educación recibida;

A mis amigos, por tantos momentos y conversaciones enriquecedoras y retadoras;

Para mis hijos, que de alguna forma este libro contribuya a que reciban un país mejor.

El presente libro terminó de escribirse en febrero de 2017

(2ª Edición: noviembre 2022)

LA GRAN OPORTUNIDAD

ÍNDICE

LA GRAN OPORTUNIDAD

«España es una nación tan fuerte que lleva siglos tratando de autodestruirse y no lo consigue. Si acabaran esos intentos de autodestrucción, volvería a ser la más importante del mundo»

Otto von Bismarck

INTRODUCIÓN

Según la encuesta del Centro de Estudios Sociológicos (CIS), los españoles consideran como factores más preocupantes *la economía* y *el paro*, junto con la *corrupción* [1]. Además, desde septiembre de 2007 dicha preocupación ha ido creciendo exponencialmente. Sin ninguna duda la economía en general ha sido el tema de mayor calado no sólo nacional sino también internacional en la última década. No es para menos que este tema se encuentre por delante de cualquier otro, si nos fijamos en las altísimas tasas de desempleo -especialmente el juvenil, la cada vez menor renta disponible de las familias -dada una presión fiscal cada vez mayor, con incremento de tasas y creación de nuevas figuras impositivas- o el cierre de

empresas pequeñas y medianas -las cuales suponen alrededor del 90% de nuestro tejido empresarial nacional. Por supuesto, en cierta forma la corrupción también es un factor relacionado con la economía, si tenemos en cuenta que muchos asocian el "despilfarro" de la última década por la administración con una apropiación o uso indebido de los recursos públicos por parte de los que los gestionan (véase los múltiples casos de corrupción vinculados a los gobiernos autonómicos de Andalucía, Cataluña, Madrid o Valencia, entre otros, así como la injerencia de la política local en la gestión de las quebradas Cajas de ahorros –los antiguos bancos públicos autonómicos-).

Es evidente que existen multitud de factores que nos han empujado a los españoles a una crisis sin precedentes, y que pretender echar la culpa a un solo factor sería además de injusto, simplista, pero no por ello hay que intentar identificar y jerarquizar dichos factores según su nivel de importancia. Incomprensiblemente, mientras los analistas mencionan aspectos tan específicos como la configuración del mercado laboral, la competitividad de las empresas o el sistema de financiación de las CCAA para encontrar soluciones, nadie ha entrado a analizar el sistema en su conjunto a la hora de buscar explicaciones a la crisis, crisis que además de ser económica, lo es también territorial. Lamentablemente en los últimos años estamos presenciando cómo en España están resurgiendo movimientos favorables o al menos permisivos con la idea de la secesión con la conflictividad social que ello está conllevando.

Intentando alejarme de las tertulias "de moda" y del ruido de la actualidad mediática, lo que se va a pretender en este libro es, con rigor y respeto, destacar un factor por encima de los demás que, casualidad o no, apenas ha sido considerado por los analistas con relación a esta crisis económica y territorial, y que a mi juicio es la principal causa subyacente de nuestros males económicos como país, y también de nuestros conflictos territoriales. En el libro titulado *"Por qué fracasan los países"* escrito por Daron Acemoglu y James A. Robinson, dos especialistas en economía y política de las prestigiosas escuelas del MIT (*Massachusetts Institute of Technology*) y Harvard, se lleva a cabo un estudio de los motivos que hay detrás del éxito o del fracaso de los países en el mundo. En dicho libro, se destaca que tradicionalmente la economía ha ignorado la política para poder explicar los problemas económicos. Los autores concluyen con una idea que me parece fundamental: la configuración de los Estados y el sistema de incentivos político afecta directamente al comportamiento económico de un país [2]. Aquí intentaremos argumentar que el motivo de fondo de los males económicos de España se debe a nuestro sistema público de administración representado por el sistema de la Autonomías.

Tenemos un sistema administrativo completamente ineficiente el cual está en última instancia provocando un altísimo gasto público (sin redundar en mejores servicios públicos), una enorme deuda pública, y como consecuencia de lo anterior, un incremento impositivo a ciudadanos y empresas. Además de todo lo anterior y por si fuera poco, este sistema está resquebrajando el país creando conflictos identitarios innecesarios que nos está enfrentando a todos los españoles. Pero ¿por qué tenemos dicho sistema Autonómico en España si es tan pernicioso?

Uno de los objetivos de este libro será el analizar el origen de este sistema Autonómico, sistema que se debe en esencia al fenómeno conocido como el *"nacionalismo"*, ideología que surgió a finales del S.XIX y que aún perdura en nuestros días. Si preguntara aleatoriamente a cualquier ciudadano de este país cuál es el origen del estado de las Autonomías, probablemente muchos responderán haciendo referencia a la Constitución, pero pocos sabrán ir más allá y entender la causa subyacente por la que detrás de esa ponencia constitucional, allá por el año 1978, se decidió instaurar dicho sistema. Tampoco habrán conectado la existencia de este sistema de administración con la actual crisis económica e identitaria que hay en España, y éstos a su vez, con el nacionalismo. El objetivo de la primera parte de este libro es por tanto el analizar los porqués de estas realidades: por qué tenemos Autonomías en España, por qué existe el fenómeno del nacionalismo en algunas regiones y cuales están siendo sus efectos.

Precisamente, que factores como "la economía", "el paro" o "la corrupción" sean los más preocupantes para los españoles, y con razón, espero que después de leer este libro los lectores sitúen al "nacionalismo" como el factor más preocupante, entendiendo éste como la causa profunda de nuestros problemas económicos, pero también de las tensiones territoriales que estamos viviendo últimamente. Si se me permite dar una definición inicial de lo que es la ideología nacionalista sería la siguiente: el nacionalismo es una ideología susceptible de ser abrazada políticamente por las derechas o las izquierdas, que se caracteriza por ser excluyente, totalitaria y supremacista, y donde partiendo de las hechos culturales e históricos, se sirve de ellos para defender los intereses de un grupo en detrimento de otros.

Por tanto, en España la ideología del nacionalismo expresada en sus varias formas, históricamente, tanto el nacionalismo español existente especialmente en la época franquista, como del periférico en País Vasco o Cataluña especialmente desde la Transición, es y será siempre un mal para los intereses de España en su conjunto. Si bien en España sufrimos varias décadas de nacionalismo español durante los años del franquismo entre 1936 y 1975, ahora dicho nacionalismo ha ido poco a poco desapareciendo en la democracia dejando paso con fuerza a los nacionalismos periféricos en País Vasco y Cataluña, los cuales están actualmente poniendo en jaque nuestra convivencia y estabilidad nacionales desde un punto de vista identitario y económico a través del sistema de las Autonomías.

El nacionalismo aún en apariencia siendo un sinónimo, nada tiene que ver con el *"regionalismo"*. Mientras el regionalismo es la expresión natural y honorable de reconocimiento y amor hacia el pasado, la cultura y las costumbres, el *nacionalismo* tiene una connotación puramente política, ya que implica la instrumentalización de éstas para exigir una serie de privilegios económicos y políticos en favor de unos grupos determinados. La cultura por tanto pasa a ser meramente un pretexto para conseguir ciertos fines políticos normalmente contrarios a los intereses generales del país y que nada tienen que ver con la defensa de la cultura. Por tanto, mientras el *regionalismo* representa una forma de sentir positiva y beneficiosa hacia el país en su conjunto a través de una competitividad sana entre regiones y desde la lealtad al conjunto del país y sus instituciones, el *nacionalismo* es una ideología perniciosa para el desarrollo y avance de este por su carácter rupturista y manipulador.

Paradójicamente, ante esta crisis tan profunda que España está sufriendo a nivel económico y territorial, estamos ante la gran oportunidad de darnos cuenta que nuestro actual sistema de administración pública está basado primordialmente en la influencia de esta ideología nacionalista, para así intentar reformarlo hacia un sistema más justo y eficiente en beneficio de todas las regiones de España y de todos los españoles, además de repercutir en favor del proceso de integración europeo, el cual también está en peligro por la amenaza desde diversos frentes europeos como en Francia, Italia o Reino Unido.

La institución de la Unión Europea, con sus virtudes y sus defectos, ha traído la mayor época de paz, estabilidad y por tanto, de prosperidad, en toda la historia del continente. No obstante, después de 70 años desde su nacimiento con el famoso discurso de Robert Schuman y la firma del Tratado de París en 1951, de nuevo los nacionalismos están amenazando la cohesión y la concordia reviviendo viejas ideologías de principios del siglo pasado las cuales nos llevaron al enfrentamiento y la destrucción. Dicha ideología, en sus diversas formas a través del fascismo, el comunismo o cualquier otro tipo de nacionalismo, es tan peligrosa como atractiva para el pueblo, especialmente en épocas de incertidumbre y crisis, como la que estamos viviendo actualmente.

Si nos diéramos cuenta de la influencia tan negativa de esta ideología en nuestro actual sistema de administración pública, los distintos agentes políticos y sociales en España tendrían la convicción suficiente como para reformar adecuadamente nuestras instituciones hacia un sistema más moderno y justo. Ante esta crisis económica y territorial que estamos sufriendo, España está ante la gran oportunidad de revitalizar su proyecto de Nación histórica y de liderar al continente europeo hacia un futuro prometedor.

El Estado de las Autonomías desde la Transición: la instrumentalización de la cultura

«La cultura y el Estado -no nos engañemos sobre esto- son rivales: el "Estado de cultura" no pasa de ser una idea moderna. Lo uno vive de lo otro, lo uno prospera a costa de lo otro. Todas las épocas grandes de la cultura son épocas de decadencia política: lo que es grande en el sentido de la cultura ha sido apolítico, incluso antipolítico»

Friedrich Nietzsche

Desde finales del S. XIX las élites vasca y catalana han justificado su derecho a autogobierno basándose en la existencia de elementos culturales que les diferencian del resto de regiones de España. Dichos elementos culturales, según las tesis nacionalistas desde aquella época hasta la actualidad, necesariamente han justificado la exigencia del reconocimiento de la existencia de una nación propia frente a la española, lo que les ha legitimado como consecuencia y siempre según sus tesis, al derecho a tener un Estado propio.

Este proceso de supuesta construcción nacional que lleva gestándose décadas y recientemente desde el comienzo de la Transición -momento a partir del cual se institucionaliza definitivamente el espíritu "Autonómico", donde nos centraremos en la presente Parte I- resulta desde toda perspectiva falaz y muy peligroso. Es más, hasta qué punto ha conseguido influir este pensamiento en nuestro sistema político- administrativo que actualmente tenemos un sistema de Autonomías donde absolutamente todas las regiones se han apuntado al carro del autogobierno lo que se conoce como el famoso "café para todos", donde lógicamente no iban a ser menos el resto de las regiones frente a las calificadas como supuestamente "históricas".

Resulta sorprendente que en el panorama español se califique de "históricas" a Cataluña y País Vasco deduciendo con esto que las demás no lo fueran. Por ejemplo, si atendemos a las instituciones que durante siglos han existido en Navarra, Valencia y Castilla y León, las cuales fueron reinos durante siglos, nos preguntaríamos cual ha sido dicho criterio de calificación. ¿Acaso esta particularidad ha llevado a estas tres Comunidades a declararse nación propia o a exigir ser estado propio? Claro que no. Precisamente no lo han hecho porque *gracias* a esas particularidades hoy existe la Nación española. Todas estas regiones, junto con todas las demás, han formado parte activa en la construcción de esta realidad a lo largo de los siglos. Ninguna particularidad por tanto puede justificar la existencia de ninguna otra nación de la noche a la mañana como pretenden los vascos y catalanes. Una nación es una realidad intangible que va construyéndose con el paso de los siglos gracias a las particularidades de las distintas regiones que la han enriquecido. Es perfectamente compatible, incluso natural, el hecho de poder sentir amor y admiración por la región y al mismo tiempo reconocer la pertenencia a una realidad aún mayor llamada nación. Esto último como hemos dicho ya, sería considerado como *regionalismo*, frente a la instrumentalización de la cultura con fines políticos, lo cual sería en ese caso no regionalismo, sino *nacionalismo*, y todo nacionalismo es perverso para los intereses de cualquier nación.

Además de los movimientos nacionalistas vasco y catalán, dado el sistema de las Autonomías consagrado en nuestra Constitución, en España está habiendo cada vez más nacionalismos incipientes en otras regiones, en el sentido de que muchas otras regiones están pasando del mero regionalismo a empezar a reclamar más competencias sólo pensando en el beneficio propio de su región, olvidando los intereses del resto de España, y basando tales pretensiones en un carácter identitario diferencial, cuando hace años esta discusión nunca se hubiera planteado en términos de identidad. Como ejemplos, tenemos el ascenso del partido nacionalista valenciano Compromís, que ha pasado de 7 a 19 escaños en tan sólo 8 años con 450.000 votos. También encontramos el ejemplo de regiones tradicionalmente regionalistas, como la de Cantabria, donde en los últimos años han surgido movimientos nacionalistas como el Partido Conceju Nacionaliegu Cántabru, o en Castilla y León con el Partido de Izquierda Castellana (IzCa), el cual reivindica la soberanía de la "nación de Castilla", territorio que según su ideario comprende las actuales comunidades autónomas de Cantabria, Castilla y León, La Rioja, Castilla-La Mancha e incluso Madrid. Cierto es que estos movimientos son, al menos aún, minoritarios, aunque no por ello un síntoma de que de forma incipiente esta ideología está contaminando a otras regiones de España más allá de País Vasco, Cataluña o Galicia. Esta es la razón por la que poco a poco España no solo está desapareciendo como idea de Nación, sino que nuestro sistema administrativo, tal cual está configurado está provocando enormes ineficiencias y tensiones graves de deuda pública y todo ello debido al sistema de las Autonomías.

Aunque no puede entenderse la Nación española si no es por su gran diversidad cultural (ya que de lo contrario dejaría de ser España para ser otra cosa), paradójicamente, lo que debería de ser el gran activo de España, su diversidad, se ha convertido en la gran amenaza por culpa de la instrumentalización que han hecho los nacionalistas de la cultura y cuya ideología están expandiendo al resto de España. Por tanto, una de las ideas fundamentales de este libro es la siguiente: *la multiculturalidad jamás puede implicar múltiples sistemas administrativos si pretendemos ser un Estado moderno; si queremos ser un Estado moderno debemos de separar cultura y política para aspirar a tener un único sistema administrativo eficiente.*

Precisamente, considerando que el factor cultural e histórico resulta igual, o incluso de mayor recorrido, en los casos de las regiones de Navarra, Valencia o Castilla y León en comparación con los del País Vasco o Cataluña, viene a demostrar la falacia que las élites nacionalistas nos quieren hacer creer al resto de la sociedad española, que justifican el hecho cultural como motivo para considerarse una nación y estado propio, cuando esto no ha ocurrido en ninguna otra región de España con igual o mayor identidad cultural e histórica. Es por ello que comprobamos que la razón verdadera de por qué País Vasco y Cataluña exigen en última instancia tener un estado propio es debida exclusivamente a los intereses políticos y económicos de sus élites y en ningún caso en defensa de la cultura ni de la historia.

No obstante, debido a las enormes presiones de los nacionalistas en las últimas décadas y el apoyo que han ido recibiendo de ciertos sectores, el nacionalismo ha ido silenciosamente contaminando la forma de pensar de gran parte de la sociedad española, imponiendo su relato, para influir profundamente en la configuración de nuestro sistema político- administrativo hasta el punto de acabar siendo un país con 17 sistemas administrativos cuasi estatales y etiquetando a sus individuos no como españoles, sino según su procedencia regional. España, pese a ser una democracia, es el paradigma mundial de la *politización de la cultura*, y en vez de ser ésta la expresión libre y espontánea de sus pueblos, se ha convertido en una excusa para implementar distintas estructuras político- administrativas cuasi estatales en beneficio de los políticos, pero no de los ciudadanos.

Debemos de darnos cuenta de esta realidad y concluir que debemos de romper con esta ideología perversa si queremos modernizar verdaderamente las estructuras de nuestro Estado, para que así tengan más libertad de movimiento y de comercio nuestros ciudadanos y empresas, y evitemos potenciales tensiones territoriales motivadas por esta constante confusión identitaria. Si queremos reducir la deuda, debemos reducir al máximo la carga del Estado simplificando sus estructuras y no mezclar estas decisiones con la cultura ni instrumentalizarla, ya que como decimos ésta debe de ser la expresión libre de los pueblos y no un arma de control.

Según las conclusiones del ya mencionado libro *"Por qué fracasan los países"*, una centralización política, previa existencia de un correcto sistema político de incentivos, fomentaría un desarrollo más sostenible de la economía y de la industria del conjunto del país. Al contrario de lo que nos quieren hacer pensar quienes tienen intereses personales o grupales en alguna región particular *centralización y pluralismo no solamente son conceptos compatibles, sino que además están correlacionados*. Un sistema político fundado sobre unas bases adecuadas y centralizado fomentaría el pluralismo y una mejor representación de los ciudadanos. Es por ello por lo que en la parte IV del libro propondremos una serie de reformas para fomentar un sistema más centralizado y pluralista.

Como bien sabrán los lectores, nuestro actual sistema de las Autonomías se implementó en los comienzos de nuestra actual democracia. Después de 40 años de paréntesis en la historia de España por el Franquismo, donde no era posible que la España real pudiera desenvolverse, por fin en 1978 los españoles decidimos darnos en libertad una Constitución, la cual recoge nuestro actual sistema que es democrático y de Autonomías. Se decidió implementar un sistema Autonómico por las presiones iniciales de las llamadas "comunidades históricas" vasca y catalana, que solicitaban tener un cierto grado de autogobierno. Estas regiones basaron sus pretensiones en que, a principios del siglo XX, antes de la guerra civil, el Gobierno de la

República ya les había concedido a estas dos regiones un estatuto de autogobierno, y que a los pocos años fueron abolidos por el régimen franquista. La razón de que a principios de siglo se les concediera tal privilegio era, supuestamente, por unas razones culturales e históricas, las cuales más adelante en la Parte II del libro desgranaremos y explicaremos para demostrar que no están justificadas.

Volviendo de nuevo a la redacción de la Constitución de 1978, mientras se consideró inicialmente sólo a las regiones de Cataluña, País Vasco (junto con Galicia), con posterioridad se decidió abrir la puerta a las demás regiones de España. De esta época viene la famosa expresión del "café para todos", ya que el resto de las Comunidades no iba a ser menos y, empezando por Andalucía, se sumaron al carro del autogobierno. Desde entonces cada Comunidad fue adquiriendo progresivamente su propio parlamento, tribunales, funcionarios y su propia estructura de gasto como si de mini Estados se trataran. Entre 1978 y 2014 el Estado traspasó 1.994 competencias a las Comunidades. La más beneficiada, con 189 funciones y servicios, fue Cataluña, seguida de Andalucía [3].

En relación con esta progresiva descentralización que lleva sufriendo España desde hace décadas, resultaría clave a efectos de analizar el origen del estado

Autonómico formular las siguientes preguntas: *¿en base a qué argumentos a principios de siglo y posteriormente en la Transición el País Vasco y Cataluña solicitaron ser consideradas como Comunidades históricas?* Y en relación con esta pregunta, *¿por qué motivo en el artículo 2 de la Constitución de 1978 se menciona el término "nacionalidades"?* Más adelante daremos respuesta a estas dos preguntas ya que existe una vinculación directa entre el término "nacionalidades" del artículo 2 y la consideración por parte de algunas regiones como Comunidades históricas, motivo por el cual actualmente tenemos ciertos problemas de gran calado de tipo económico y territorial.

Precisamente, en la última década hemos tenido multitud de tensiones sociales, primordialmente por los famosos "recortes", estos siempre según la opinión pública por culpa de la administración central, cuando paradójicamente ésta tiene cada vez menos poder y competencias en favor de las administraciones Autonómicas. Incomprensiblemente es siempre el Estado y el Gobierno central el foco de las críticas por la deuda cuando éstos tienen cada vez menos control sobre el gasto. Hasta tal punto ha llegado el nivel de convicción en algunos lugares de España, que algunas regiones han aumentado su beligerancia frente al conjunto del Estado y frente a la idea de España, incluso alguna hasta amenazando con la secesión. Dicha amenaza de secesión, como mayor exponente del conflicto territorial en España y que está siendo canalizada a través de la petición de un referéndum de independencia, además de ser apoyada por una parte de la población de dicha región en cuestión, está siendo apoyada también por una parte de la población en el resto de España, como sucede actualmente con una facción de la izquierda española en partidos como el PSOE o el Partido Podemos o sus confluencias, convencida por una serie de argumentos tanto sentimentales como económicos falaces y que es la mejor demostración de que el relato nacionalista está impregnándose en toda la sociedad.

Hasta ahora, el Gobierno central oficialmente sólo ha intentado solucionar el problema identitario y económico con medidas superficiales que no solucionan nada dada la complejidad del problema. Estas son medidas tales como dar más dinero a las Comunidades Autónomas a través del sistema de financiación autonómico, dar más competencias y más autogobierno a las regiones o creando la Conferencia Interterritorial de Presidentes para así dar más voz a los territorios y más presencia en el marco nacional. Paradójicamente, a pesar de estos esfuerzos, estos problemas económicos y territoriales van a más porque se ha hecho un diagnóstico inadecuado del origen del problema. Como hemos apuntado anteriormente, mucho antes de analizar, por ejemplo, la idoneidad de nuestro actual sistema de financiación autonómica, entre otras cosas, conviene darnos cuenta de que el origen del problema se debe a una presencia cada vez mayor y de forma inconsciente de la ideología nacionalista en el conjunto de la opinión pública española. Es por tanto sobre esta ideología sobre la que hay que realizar primero un diagnóstico y de una manera global, tanto de su origen histórico como de su verdadero impacto en nuestro actual sistema, si queremos hallar las mejores soluciones a nuestros actuales problemas económicos y territoriales.

Considero que una de las razones por las que no se ha realizado un diagnóstico adecuado a este problema tan profundo que tiene España, tanto identitario como de eficiencia de su administración pública, es precisamente porque no se ha hecho la aproximación de una manera global. Muchos de los análisis realizados hasta ahora para explicar nuestros problemas económicos o territoriales han puesto el foco sólo en un determinado campo: el histórico, el económico, el político o el sociológico. Con este conjunto de visiones por separado, tan especializadas, pero a la vez compartimentas, no se puede comprender un problema de unas magnitudes y complejidad tan grandes. Es por eso mismo que aquí se ha pretendido realizar un diagnóstico del problema aunando a la vez todas las visiones con el fin de encontrar soluciones efectivas al problema económico y territorial en España.

Decía Martin Luther King que *"lo preocupante no es la perversidad de los malvados sino la indiferencia de los buenos"*. Ya es hora de que aquellos que tengan una visión moderada y positiva de España actúen frente este despropósito llamado sistema Autonómico, el cual está fomentando la crisis económica de la administración –la cual pasaremos a analizar ahora- y la crisis identitaria o territorial, que analizaremos con posterioridad al análisis económico.

El problema económico: la ineficiencia del sistema de administración y la deuda pública

John Quincy Adams, sexto presidente de los Estados Unidos de América, dijo en una ocasión que *"hay dos formas de conquistar y esclavizar a una nación: una es la espada y la otra es la deuda"*. España está sumida en una crisis financiera con una deuda pública insostenible superior al 100% del PIB y que lleva creciendo de manera exponencial desde el 2007. Si bien es cierto que actualmente estamos sufriendo la peor crisis de la historia desde el crack de 1929, debemos de preguntarnos por qué en 2015 estábamos después de

Grecia como el país de la Unión Europea con más déficit (5,1%) y el quinto con más deuda pública, detrás de países como Grecia, Portugal, Italia o Bélgica. Esta complicada situación no parece que vaya a ir a mejor ya que según las últimas previsiones de la Comisión Europea en febrero de 2017, de nuevo, España ocuparía la segunda peor posición del ranking europeo en déficit público con un 3,5% del PIB, una cifra que solo superaría Rumanía, cuyo déficit sería del 3,6%. Ante esta situación tan dramática de nuestra administración, ¿cómo vamos a poder mantenerla? Muy sencillo, subiendo los impuestos. Según un estudio publicado por el *Institute for Research in Economic and Fiscal Issues* de Suiza, España es el tercer país de Europa que más impuestos cobra a las PYMES. Solo se sitúan por delante Francia e Italia [4], dos países que recientemente también están experimentando enormes tensiones.

Como diría Warren Buffett: *"sólo cuando baja la marea se sabe quién nadaba desnudo"*. ¿Por qué en España somos incapaces de querer identificar el motivo estructural de nuestras ineficiencias como Estado? Según Hacienda, si hace ocho años el Presupuesto de gasto de las Comunidades Autónomas ascendía a 160.544 millones de euros (niveles pre- crisis), en 2016 se disparó hasta los 179.679 millones, un incremento del 11,9%. Pese a este incremento, los gastos más básicos e importantes como los de Educación y Sanidad en el conjunto de las

Comunidades Autónomas apenas se incrementaron durante la crisis [5]. Entonces, ¿a dónde ha ido a parar tanto dinero si no ha sido a mejorar los servicios? Sencillamente se deduce del hecho de que existen demasiadas capas burocráticas que no añaden valor alguno al ciudadano.

Me pregunto si el gran desarrollo económico que ha alzado este país en los últimos 40 años ha sido *gracias* al estado de las Autonomías o más bien, *a pesar* del estado de las Autonomías. Da que pensar si realmente tanto entramado multi estatal está sirviendo para algo útil para la ciudadanía o sólo para crear pequeños círculos de influencia y poder a lo largo y ancho del territorio nacional. Ante este drama la única solución que ha presentado hasta ahora el Estado es seguir incrementando la presión fiscal sobre la población y las empresas mientras las Comunidades Autónomas siguen pidiendo más y más financiación, concretamente en los últimos años, a través del ya famoso Fondo de Liquidez Autonómico (FLA). Un fondo "inventado" en la crisis donde básicamente las Comunidades Autónomas pueden seguir abusando del crédito para hundir un poco más al Estado y poner contra la pared al Gobierno frente a la Comisión Europea, perdiendo así España cada vez mayor credibilidad internacional. Ciertamente, para las Comunidades Autónomas es una verdadera ganga, puesto que la culpa de los recortes siempre recaerá sobre el Estado central de cara al ciudadano y además es el Estado el único que tendrá que responder ante los mercados de deuda, con el riesgo de que aumente su prima de riesgo y por lo tanto los intereses por préstamo. Con este sistema perverso en donde las Comunidades Autónomas no tienen ninguna responsabilidad ni tampoco ningún incentivo para ser más eficientes no quiero ni pensar cómo estaremos dentro de unos años si seguimos este camino. Con una población cada vez más envejecida y sin parecer que vaya a haber ninguna iniciativa innovadora en el horizonte más que seguir subiendo los impuestos para sostener el enorme gasto público, ¿cuánto tiempo va a ser esto sostenible desde un punto de vista económico y social?

Según la Asociación Española de Asesores Fiscales (AEDAF) España está sumida en una maraña cada vez mayor de impuestos estatales, autonómicos y municipales llegando a alcanzar casi los 100 impuestos y es el quinto país más descentralizado de la OCDE en términos fiscales [6]. Tanto el Estado como las Comunidades Autónomas, dada la enorme presión de gasto público, no dejan de crear nuevos impuestos aplicando cada administración el ingenio para averiguar qué otro aspecto de la "realidad" pueden legalmente gravar para seguir añadiendo más peso fiscal sobre el ciudadano. Recientemente, se ha creado el impuesto sobre las bebidas carbonatadas por parte del Estado y como ejemplo, Andalucía cuenta con un impuesto sobre bolsas de plástico de un solo uso o La Rioja otra sobre el impacto visual. Por otro lado el Ministerio de Hacienda a finales del mes de noviembre del año pasado ya anunció que planeaba una subida de impuestos equivalente a 6.000 millones de euros. ¿Es esto justo para el ciudadano? Desde luego la solución no pasa por los planes de ahorro de tan solo 900 millones de euros presentados por el Ministerio de Hacienda donde aboga por "el uso de las nuevas tecnologías y la racionalización de las estructuras del sector público". Según el Ministerio ésta es una solución -junto con la subida permanente de impuestos-, *ya que aún tenemos mucho recorrido para la digitalización de nuestra administración* [7]. A diferencia de lo que promulga el ministro, el problema de la administración es mucho más complejo y profundo que su mera digitalización y pasa básicamente por eliminar capas burocráticas que no añaden valor al ciudadano.

Pero vayamos más lejos, ya que tampoco nos podemos olvidar de nuestro sistema bancario en España, que dependía en enorme medida de la ya extinta red de entidades conocidas como las Cajas de ahorros y cuya naturaleza se podría definir como la de los bancos públicos autonómicos. En mi opinión no se podrían definir de mejor manera, puesto que se trataban de bancos gestionados por políticos y de estrechísima vinculación regional. En el recuerdo están los costosos rescates del Banco de Valencia, la Caja de Ahorros del Mediterráneo, Caja Madrid, Caja Sur, Caja Castilla la Mancha o lo que es lo mismo, el rescate del sistema bancario español, que debido a la red clientelar instaurada por los políticos a nivel local, éstos tenían bajo su control y a su servicio a todas estas entidades financieras. Por su puesto, junto a estos casos de mala gestión o incluso de fraude, no quedan muy lejos la multitud de casos de corrupción de muchos gobiernos autonómicos, véase los de Andalucía, Baleares, Madrid, Valencia o Cataluña. Sumando todas las cantidades defraudadas por estos políticos vía sus gobiernos o alguno de sus "bancos" podríamos haber rondado los 7.500 millones de euros [8].

Paremos un momento e intentemos por un momento olvidarnos de que este país se llama España y pensemos si tiene sentido tener 17 sistemas administrativos más uno (las Comunidades Autónomas más el Estado central) pudiendo tener uno sólo. Lejos de las disquisiciones políticas y el ruido mediático quiero plantear al lector, ¿pudiendo tener una sola estructura administrativa qué aportan desde un punto de vista de eficiencia las otras 17? ¿Acaso la cultura o el tener una determinada lengua regional justifica tener varios parlamentos, cuerpos de funcionarios y, en definitiva, más burocracia? ¿En qué medida ha influido e influye la ideología nacionalista en todo esto? ¿Qué motivos hay detrás de este sistema y cómo está afectando al funcionamiento de España?

El problema territorial: la crisis identitaria y la cohesión territorial de España

Tengo que admitir que nunca he sido un gran entusiasta del sistema Autonómico, pero como en muchas ocasiones en la vida, hay que saber ceder. Esto imagino es lo que pensaron muchos de los padres de la Constitución, al igual que muchos otros ciudadanos al votar la misma hace casi 40 años. Como debía de prevalecer la paz social, lo que se firmó en aquel momento nos permitió empezar a andar como país, pero desde hace un tiempo hasta esta parte está provocando confusión y malestar en nuestra sociedad por la discusión de lo que significa el concepto de nación. En el artículo 2 de nuestra Constitución se hace mención a la "Nación española", pero también al resto de "nacionalidades y regiones" de España (Artículo 2: *"La Constitución se fundamenta en la indisoluble unidad de la Nación española, patria común e indivisible de todos los españoles, y reconoce y garantiza el derecho a la autonomía de las nacionalidades y regiones que la integran y la solidaridad entre todas ellas"*). Leyendo dicho artículo, ¿cómo es posible que dentro de la geografía española pueda haber varias naciones? ¿Cómo se construye esta idea tan confusa de lo que es la Nación española? Muchos se quieren engañar a sí mismos afirmando que la realidad es que España es una *Nación de naciones*. Esa fue la postura, entre otros, de Gregorio Peces- Barba, socialista y uno de los padres de la Constitución de 1978, para justificar el artículo 2. Por decirlo de alguna forma, la Nación "madre" es la española y ésta está a su vez compuesta de otras naciones. Incluso los hay que para justificar la redacción del artículo 2 han creado el término "nación cultural" frente a "nación política" para darle alguna justificación. Pero desde mi perspectiva no existe ninguna justificación lógica posible y este enfoque que se ha querido dar es imposible y, además, la causa origen de que en España tengamos actualmente un problema territorial y una enorme frustración identitaria. Precisamente, el problema de esta frustración no reside en los nacionalistas -los cuales tienen muy claro lo que son (o creen ser)-, sino justo lo contrario, está en la mayoría de los españoles, en aquellos que apoyan la unidad de España y creen de alguna manera en la Nación española, pero se sienten en la obligación intelectual y jurídica de dar algún encaje lógico a este precepto constitucional que pactaron nuestros representantes políticos. Esa es la razón por la que hoy en día muchos de éstos que defienden la existencia de la Nación española, también defienden la posibilidad de que algunas regiones puedan celebrar un referéndum para plantear la independencia, o al menos no encuentran argumentos para impedirlo. Ante esta situación tan complicada, ¿acaso no hubiera sido mucho más fácil el haber hecho un diagnóstico sobre el origen y la verdadera legitimidad de la pretensión nacionalista antes de meternos en este "galimatías" nacional? Y tratándose de aquellas élites que debían de trazar el futuro de nuestro país, ¿no sería mucho más responsable el haberse basado en hechos históricos, sin manipulaciones, y haber aplicado los principios que deben de regir un estado moderno, sin sentimientos de por medio? Por desidia, desconocimiento o como diría yo irónicamente, por "sentido de Estado", nuestros políticos decidieron una "huida hacia adelante" para continuar con el despropósito, como se hizo a principios del siglo XX, de admitir la existencia de otras naciones además de la española, y lo que es peor, como consecuencia de ello implementar un complejo y grueso sistema administrativo llamado "sistema de las Autonomías". Por tanto, el principal motivo de la frustración de este país y de su confusión identitaria proviene de esta cesión al nacionalismo, que se consiguió con la aprobación del actual artículo 2, como una semilla que está poco a poco diluyendo la Nación española como un azucarillo frente a las demás supuestas naciones.

No obstante, frente a sus razonamientos falaces, lo cierto es que la idea de España *necesariamente* puede ser *sólo* una cosa, no varias al mismo tiempo. O se *es* o no se *es*. El hacernos dudar respecto a esta obviedad representa una victoria de la ideología nacionalista la cual está consiguiendo imponer su idea ficticia de nación al conjunto de la sociedad española y no sólo en sus regiones de influencia natural. Como veremos más adelante, los nacionalistas han basado la existencia de su nación en símbolos inventados utilizando como base de su relato elementos culturales propios de su región y tergiversando determinados hechos históricos. Ante esta situación, debemos de darnos cuenta de una realidad: por necesidad no puede haber una nación superpuesta sobre la otra. Como prueba de la veracidad de esta afirmación, ya estamos presenciando cómo en la región vasca y catalana aumenta cada vez más el sentimiento separatista y la negación de España, y a su vez en el resto de España hay una mayor tolerancia ante estas pretensiones por la confusión respecto al significado de lo que es la Nación española. En definitiva, la Nación española está diluyéndose pasando a ser meramente el "Estado español". Hasta la propia vicepresidenta del Gobierno de España, Soraya Sáenz de Santamaría, ha dicho recientemente respecto a España y sus regiones que "*todos somos Estado*" [9], olvidando el bagaje histórico que ha habido en el conjunto de España durante siglos. Es una pena que según a qué público haya que dirigirse, ya sólo somos un simple ente administrativo que, como tal, puede desaparecer de la noche a la mañana. La "existencia" de otras naciones está imponiéndose poco a poco a la española poniendo en juego nuestra cohesión nacional y futuro como país, además de influir en nuestro sistema administrativo y provocar enormes tensiones de deuda pública que se repercute al ciudadano y a las empresas.

Por tanto, para descifrar el problema de fondo de esta ineficiencia sistémica, debemos de comprender profundamente la existencia del nacionalismo en España desde sus orígenes hasta la actualidad. En otras palabras, necesitamos hacer una revisión histórica para luego entender el "porqué" de nuestro presente, para así reconstruir un sistema más justo y eficiente. Es por lo que en la siguiente Parte II nos centraremos en hacer un diagnóstico profundo de la ideología nacionalista y de su impacto en nuestro actual sistema y en la sociedad.

PARTE II

Génesis del Estado autonómico: origen y diagnóstico del fenómeno nacionalista en España

«La cultura es mucho más que una lengua; y es erróneo basar esa identidad cultural y autonómica en una separación frontal y absoluta respecto de la cultura española»

Adolfo Suárez

Cuando hablamos de nacionalismos en esta Parte II me referiré a los periféricos vasco y catalán. Si bien es cierto que puede existir otro tipo de nacionalismo, el español, el cual ya hemos mencionado y trataremos especialmente en la Parte IV apartado III, éste no representa una amenaza tan grande hoy en día como lo es el nacionalismo periférico. Si deconstruyéramos el proceso de formación del nacionalismo vasco y catalán, desde un punto de vista histórico y de sentido común, alejado de cualquier ruido mediático, nos ayudaría a comprenderlo hasta el punto de entender la amenaza que entraña.

Antes de que el lector comience a sumergirse en el diagnóstico, es muy importante recordar de nuevo que dar la batalla al nacionalismo no puede jamás confundirse con dar la batalla a ningún pueblo o sociedad, ni a ninguna realidad cultural, puesto que decir esto, sería caer en el engaño que quieren que caigamos los nacionalistas. Mientras España es un mosaico de lenguas, tradiciones y sentimientos que hay que respetar e incluso proteger, el nacionalismo vasco y catalán son sencillamente unas corrientes de pensamiento patrióticas abanderadas por sus élites locales, las cuales convencidas o no de lo que pregonan, pero por puro interés, se dedican a difundirlas en la sociedad con el objetivo último de conseguir un mayor control y poder a costa del conjunto de la Nación y en detrimento de la propia región que representan. Entendemos estas élites como los "influenciadores" de la sociedad, ya sea la burguesía, referentes culturales o representantes políticos. No es baladí cuando digo sobre éstas "las cuales convencidas o no" de lo que pregonan ya que a sus efectos lo único importante es sólo convencer al pueblo sobre ellas para conseguir sus fines. Prueba de ello es el ex presidente de la Generalitat, Artur Mas, que en una entrevista al periodista Rafael Ribot en 2002 decía que *"el concepto de independencia lo veo anticuado y un poco oxidado"* para a continuación defender que *"entre Cataluña y España existen suficientes lazos e historia compartida como para tener muy presente este bagaje común"* [10], y 10 años más tarde, por puro interés de las élites locales, deciden accionar el sentimiento previamente manipulado de la sociedad para perseguir ni más ni menos que la independencia del resto de la Nación, chantajeando a sus anchas al conjunto de instituciones del Estado como al Gobierno o al Tribunal Constitucional. Lo más grave y peligroso de todo esto no es tanto el chantaje constante a la unidad de la Nación, sino la aceptación por parte de una parte de la sociedad española y de un sector de la política nacional y de los medios de los relatos falaces de los nacionalistas.

Por tanto, es contra esas *ideas nacionalistas* contra quien hay que librar la batalla y son aquellas élites locales la verdadera amenaza en tanto que las difunden. En ningún caso representa una amenaza el pueblo, ni su cultura ni sus lenguas, que como más tarde veremos, son sencillamente un instrumento utilizado por dichas élites locales para construir su círculo de poder y control. De hecho, el pueblo catalán y vasco son las primeras víctimas de esta ideología totalitaria, y tanto sus individuos como sus empresas, son los primeros afectados por esta situación. En ese sentido, es principalmente por ellos, por sus gentes y sus pequeñas y medianas empresas, por lo que me he sentido en la responsabilidad de contribuir a dar luz respecto a esta amenaza que representa el nacionalismo.

Conviene tener muy claro que el nacionalismo basa su discurso en mentiras y que la construcción que hacen de sus supuestas naciones no se sustenta en ningún hecho histórico. Esta afirmación es completamente cierta y es por ello por lo que me duele especialmente la situación de confusión que vivimos en España. Desde hace mucho tiempo se ha perdido el interés por la verdad y por el rigor, abriendo la puerta a que tanto los individuos como la administración pública, como representante de éstos, tomen sus decisiones de forma impulsiva y basándose puramente en los sentimientos. ¡Cómo de fácil es manipular a una sociedad cuando queda popularmente establecido que las decisiones deben de basarse en los sentimientos!

La crisis de 1898: España necesita terapia histórico-psicológica para salir de su depresión

España, como realidad colectiva, lleva sumida desde el desastre de 1898 en una grave depresión nacional y necesita urgentemente de un psicólogo, para hacer frente a su estado de confusión, y de un historiador, para recuperar la memoria. Al igual que las personas tienen depresión por algún suceso dramático, a España le ha estado ocurriendo lo mismo durante este último siglo: negación de la realidad, dispersión, pérdida de autoestima o estado de ánimo triste o irritado. Esta depresión colectiva ha derivado en un grave conflicto identitario apareciendo síntomas de bipolaridad: somos España en unas ocasiones y en otras no. Muchas de las decisiones políticas que se llevan tomando desde hace décadas en términos de la gestión del Estado han ignorado sistemáticamente nuestra Historia, lo que nos está llevando poco a poco a destruir nuestra Nación. Al igual que no vale resolver los problemas psicológicos de una persona sólo con medicamentos -sino que es necesario dedicarle tiempo y paciencia-, tampoco se pueden resolver los problemas de un país a golpe de crear determinadas estructuras administrativas como si de "píldoras milagrosas" se trataran. Pretender amoldar nuestra existencia artificialmente sin querer revisar en profundidad nuestra Historia sólo evitará la frustración a corto plazo, pero no la curará.

Necesitamos sentar a España en un diván y que nos cuente todas sus vivencias del pasado para así entender sus frustraciones. Es por lo que en la Parte II de esta obra se pretenderá explicar de una manera clara y sucinta los años de los orígenes del nacionalismo, para entender mejor nuestro presente y a nosotros mismos como Nación.

El comienzo del nacionalismo data de finales del siglo XIX, cuando tanto las élites vascas como las catalanas, decidieron aprovechar una corriente cultural existente en ese momento, llamada *romanticismo* -que impulsaba las costumbres y tradiciones propias de los pueblos y comarcas-, como arma política para generar un sentimiento más allá del propio amor a la tierra. En Cataluña sucedió primero con el movimiento romántico cultural de la *Renaixença*, para posteriormente pasar a fundar la corriente política con las llamadas *"Bases de Manresa"* de Prat de la Riba en 1892. Por otro lado, en el País Vasco comenzó con el aspecto mitológico del supuesto origen de su nación, para posteriormente pasar a fundar la corriente política con la obra *"Bizkaya por su independencia"* publicada en 1892 por Sabino Arana Goiri, padre del nacionalismo vasco. Pero ¿por qué precisamente fueron las regiones del País Vasco y Cataluña donde nació este nacionalismo y no en otras regiones españolas? Desde luego no es porque dichas regiones destaquen por tener una riqueza cultural superior a cualquier otra región de España. En este sentido, por ejemplo, Valencia es una región que tiene también lengua propia (fue incluso reino), así como si habláramos de Andalucía y de su rica cultura, pero sin significar por ello que sean naciones o siquiera hayan aspirado nunca a serlo en la historia. *La razón de por qué el País Vasco y Cataluña quisieron tomar este camino se debe al afán de sus élites por adquirir más control y poder sobre su región, al ser éstas las dos regiones más industrializadas y ricas de España.* Esta situación se debe a dos factores, el primero afectando al conjunto del país:

por un lado, al "desastre de 1898", que fue la culminación de la decadencia del Imperio español con la pérdida de las últimas colonias de ultramar, lo que llevó al país a entrar en una espiral de pesimismo, cuyo hecho tan dramático, comprensiblemente, provocó bastante inestabilidad a nivel nacional, generando una reacción de aislacionismo y de negación de la realidad nacional. Y, por otro lado, afectando únicamente a País Vasco y Cataluña como las regiones más industrializadas: debido a estos procesos de industrialización la sociedad estaba transformándose, lo que provocaba profundos cambios sociales y un éxodo de la población de muchos puntos de España a estas regiones, generando tensiones sociales y ciertos choques culturales.

Estos dos factores provocaron una reacción proteccionista por parte de las élites locales que empezaron a reclamar un Estado propio, basando su discurso en la existencia previa de una nación vasca y catalana, a base de poner en contraste los elementos característicos de su cultura local frente a las del resto de regiones de España. *El nacionalismo, por tanto, es la consecuencia de la profunda insolidaridad y de la falta de lealtad de las élites regionales hacia el resto de las regiones de la Nación española.*

Desde esa época de finales del siglo XIX hasta el primer tercio del siglo XX, las élites locales del País Vasco y Cataluña fueron impregnando a su población de un sentimiento de amor a su región y negación del resto de España. Fueron casi 50 años donde hicieron creer a la población de la incompatibilidad entre sentirse vasco o catalán y sentirse cualquier otra cosa. Al mismo tiempo que España estaba recuperándose anímicamente de cuando tocó fondo -del momento cuando vendió sus últimas colonias a los Estado Unidos de América por 20 millones de dólares en el Tratado de París de 1898-, fue ésta una época en la que, en paralelo al nacionalismo, el *socialismo* aparecía con mucha fuerza en la sociedad. Dicha corriente política, que había nacido a causa de la revolución industrial para proteger a los obreros, se basaba en defender a los más vulnerables de la sociedad y a todas las minorías, entre los que estaban los nacionalistas. Precisamente era en País Vasco y Cataluña donde había más obreros por ser estas regiones las más industrializadas de España, por lo que la presencia socialista era muy fuerte aquí. Por tanto, las élites del País Vasco y Cataluña, representadas principalmente por el *Partido Nacionalista Vasco* (PNV) de Sabino Arana y la *Lliga Regionalista* de Francesc Cambó, respectivamente, y con la ayuda de los socialistas -como *Acción Nacionalista Vasca* (ANV) o la organización socialista catalana *Solidaridad Obrera* de Josep Prat y Antoni Fabra-, unieron sus fuerzas en cada una de estas dos regiones y consiguieron ir ganando cada vez más terreno en el ámbito político, y su ideología fue imponiéndose con mayor contundencia en la sociedad, también en parte apoyados por aquellos movimientos republicanos que "luchaban" contra el tradicionalismo inmovilista.

Frente a la acción de los nacionalistas, había un Gobierno central débil, en los tiempos del presidente Antonio Maura, debido a la enorme inestabilidad reinante durante aquellas primeras décadas del siglo XX, provocada por las guerras de Marruecos y las revueltas obreras, como la Semana Trágica de 1909. El *tacticismo* de estas élites culminó con la concesión de los estatutos de autonomía a Cataluña y Euzcadi en la Segunda República en 1932 y 1936, respectivamente, constituyendo un gran hito en su proceso de construcción de un Estado propio.

Es necesario destacar que esta situación de pretender un Estado propio sólo ocurría en estas dos regiones y en ninguna otra, lo que indica que en España no existía ninguna duda sobre la existencia de una única Nación. Por tanto, el nacionalismo no era un problema "nacional" que afectara a todas las regiones de España, donde se reclamara una vuelta atrás a las antiguas fronteras feudales como pretendían ellos. En España ya estaba más que consolidada la unión de las distintas regiones como fruto de una progresiva evolución natural a lo largo de los siglos. Este movimiento nacionalista era sencillamente una *estratagema* de las élites locales para proteger el desarrollo económico que estaban experimentando sus regiones frente a la inestabilidad reinante en España. Con posterioridad a este triunfo nacionalista con la concesión de estos Estatutos de autonomía, en 1936 estalló la guerra civil, la cual encerró a España en la oscuridad durante 40 años. Dicha oscuridad dio paso a la luz en 1975, con el fallecimiento del dictador Francisco Franco. Durante la dictadura, de 1939 a 1977, España estuvo sumida en el totalitarismo, imponiendo una única forma de sentirse y de pensar. El nacionalismo español tuvo mucha fuerza durante estos años, exaltando la región de Castilla en el imaginario colectivo nacional y negando la rica diversidad que representa España. Con posterioridad a la dictadura, fue en la Transición democrática y durante la negociación de la Constitución de 1978 cuando resucitaron aquellos problemas existentes en el primer tercio del siglo XX: la reivindicación de autogobierno por los nacionalismos periféricos. Debido a ese ánimo de reconciliación y de paz que hubo en la Transición, nuestros representantes aceptaron las tesis nacionalistas sin dar lugar a discusión. La sensación es que a pesar de haber transcurrido casi medio siglo desde el primer tercio del siglo XX hasta el fin de la dictadura franquista, en 1978 los españoles no fuimos capaces de ver los problemas con la perspectiva suficiente para analizarlos con objetividad. Otra opción quizá es que ante la reciente imposición del nacionalismo español por una dictadura de extrema derecha durante casi medio siglo, se decidió dar pábulo a cualquier otra corriente alternativa, que por supuesto sería apoyada por nacionalistas y socialistas. Sea como fuere, en ningún momento se cuestionó la veracidad de los hechos históricos esgrimidos por los nacionalistas ni los motivos de origen que llevaron a vascos y catalanes a reclamar el autogobierno. Si se hubieran analizado en su momento, nos habríamos dado cuenta de que sus pretensiones para conseguir privilegios administrativos sólo estaban basadas –a principios de siglo- en una protección a su industria y su desarrollo económico, sin importarles el resto de las regiones de España. Al finalizar la dictadura los españoles pretendíamos empezar de nuevo y construir un país moderno. En vez de eso decidimos implementar un sistema de retroceso. ¿Cómo pudimos permitir la concesión de una serie de privilegios de autogobierno los cuales abrían la puerta a la inequidad entre regiones? Hasta tal punto se dio pábulo a las posturas nacionalistas, que se justificó su derecho a autogobierno únicamente referenciando los estatutos de autonomía de 1932 y 1936. No se quiso analizar seriamente los "por qué". Quizá no estábamos preparados para sentar a España en el diván y comprender sus frustraciones existenciales.

En aquel momento no queríamos pararnos a analizar que las tesis nacionalistas eran contrarias a la idea de un Estado moderno, donde todas las regiones deben ser iguales ante la ley y sin haber distinción por motivos culturales. ¿Acaso la Constitución no garantiza la igualdad de los individuos ante la ley con independencia de su nacimiento, raza o cualquier otra condición o circunstancia personal o social? ¿Por qué no puede ser así entre las distintas regiones de España? La igualdad entre regiones implicaría además tener un sistema administrativo más eficiente que garantizaría una mayor libertad de sus ciudadanos y empresas en el conjunto de España. El hecho de que una región tenga elementos culturales diferenciadores nunca puede justificar la existencia de una nación ni mucho menos la de tener privilegios a nivel administrativo. Por ejemplo, que en Cataluña se hable catalán o haya tenido unas instituciones particulares que la han definido en su historia, no justifica que deba de disfrutar de ningún privilegio y ni mucho menos la convierte en una nación. Cataluña no es más que ninguna otra región española en términos culturales. Afirmar lo contrario es puro racismo, que en el fondo es lo que subyace al exigir tales pretensiones de autogobierno basándonos en sus particularidades. Lo único que ha destacado a Cataluña Y País Vasco frente al resto de regiones de España es un desarrollo económico superior gracias a la revolución industrial. Paradójicamente en el apartado cinco de la Parte II veremos cómo la gestión del Gobierno central durante los últimos dos siglos fue fundamental para que alcanzara dicho desarrollo económico. En definitiva, durante la negociación de nuestra Constitución nos dejamos influenciar por una ideología resurrecta que, como otras como el fascismo o el comunismo, las cuales triunfaban a principios del siglo XX, en 1978 nos distanciaba del paso definitivo de España hacia la modernidad.

Con la imposición de esta ideología nacionalista, se consiguió introducir en la redacción de la Constitución española una "bomba" oculta en el artículo 2 del Título Preliminar: el sistema de las Autonomías y el reconocimiento de la existencia de varias "nacionalidades" dentro de la Nación española. Sorprendentemente, el que sería el símbolo más importante del nuevo sistema, las Autonomías, acabaría convirtiéndose con el tiempo en el elemento más desestabilizador de España desde un punto de vista identitario y económico.

Desmontando el nacionalismo: la nación de diseño vs la Nación histórica

No es casualidad cuando se habla de *diseñar* la nación, puesto que la nación como concepto vivo, a diferencia de un Estado que es una articulación jurídica y por tanto artificial, no puede inventarse. La nación es algo que surge y va tomando forma con el paso de los siglos. La nación por definición es *histórica*, y no se puede diseñar de antemano como pretenden los nacionalistas. Pero como hemos dicho, toda excusa es buena para el fin último, que es el tener un Estado propio, para así tener más control y poder, aun a costa de sus gentes. Pasaremos ahora a analizar el desarrollo de esta ideología y cómo han ido diseñando su nación desde los comienzos, tanto en el País Vasco como en Cataluña.

El nacionalismo vasco: la figura de Sabino Arana

En el caso del País Vasco, la deconstrucción de su concepto de nación es bastante sencilla, puesto que esta región siempre ha pertenecido al Reino de Navarra. La actual región del País Vasco jamás ha sido siquiera un Condado ni tuvo entidad propia desde un punto de vista político. Como afirmó Manuel Irujo, nacionalista y uno de los padres del Estatuto vasco de 1936: *"la existencia del Estatuto es tanto como la existencia de Euzcadi. Es el reconocimiento de Euzcadi. Es el principio de su existencia en el orden político, ante el derecho constituido"* [11]. El Estatuto de 1936 fue el mayor hito de las élites vascas ya que consiguieron crear precedente y dotar de un gobierno que jamás había tenido en su historia como paso previo a la creación de un Estado propio.

Pero ¿qué había detrás de ese interés de las élites vascas por pedir un autogobierno? Claramente se debe al proceso industrializador que llevaba disfrutando el País Vasco desde principios del siglo XIX. En sus más iniciales orígenes el nacionalismo en el País Vasco fue una reacción proteccionista a favor del tradicionalismo, encarnado en las costumbres y en el catolicismo, frente al proceso de apertura que estaba viviendo la sociedad vasca dado dicho proceso de industrialización. Debido a este proceso industrializador la región del País Vasco estaba recibiendo una llegada importante de personas del resto de regiones de España, lo que implicó desde la perspectiva nacionalista, un cierto "choque cultural". Esta situación provocó por parte de los nacionalistas un rechazo hacia el "exterior" y hacia los que no eran, según ellos, de "pura sangre vasca".

No obstante, con el paso del tiempo esta reacción puramente tradicionalista a favor de la cultura fue cogiendo tintes de un interés político y económico, tendentes a proteger la senda de enriquecimiento que estaba experimentando el País Vasco gracias a este proceso de industrialización. Dada la inestabilidad que estaba viviendo el conjunto de España, las élites vascas querían garantizar que su región no frenara este proceso y por ello tenían que buscar la forma de mantenerse ajenas a los problemas del resto de España. Para ello, basaron su estrategia partiendo del factor cultural diferenciador de su región. Desde esa base cultural, los nacionalistas fabricaron un relato político para justificar la existencia de una nación vasca y posteriormente el derecho a tener un Estado propio. Finalmente, ante las presiones de los nacionalistas y debido a la gran instabilidad reinante en España, la región del País Vasco obtuvo su Estatuto de autonomía en el año 1936. En esos años fue cuando el padre del nacionalismo vasco, Sabino Arana, creó el nombre de *Euzcadi* (inicialmente tenía una "z"), diseñó su bandera –*la ikurriña*- y compuso el actual himno –*Euzco Abendearen Ereserkija*-. En otras palabras, todos los símbolos de la supuesta nación vasca fueron inventados, aceptados por el PNV –principal partido defensor del proyecto nacionalista- y posteriormente aplicados al Gobierno vasco como elementos representativos de la nación vasca. Ni su Gobierno, ni sus estructuras administrativas, ni sus símbolos nacionales son fruto de la historia, son pura invención.

Como una mentira repetida cien mil veces acaba siendo una verdad, desde entonces el nacionalismo se ha dedicado a continuar insistiendo en la legitimidad de estos símbolos y de ese Gobierno, lo que les ha ayudado con el paso del tiempo a consolidar su nación vasca dentro del esquema español. Esto sigue pasando hoy en día incluso en aspectos de lo más cotidianos. A modo de ejemplo de manipulación, resulta llamativo cómo todos los días en las telenoticias de la televisión pública vasca muestran en el mapa del tiempo las tres provincias vascas junto con la Comunidad Foral de Navarra y el País Vasco francés –como espacio vital que también reclaman para su nación-. Que aceptemos esto como algo normal, demuestra que el nacionalismo desde un punto de vista ideológico ha ido ganando bastante terreno. No solamente en los medios de comunicación, también desde una perspectiva legal e histórica se llegó a permitir el despropósito de incluir en el artículo segundo del Estatuto del País Vasco a la región de Navarra como territorio que forma parte de *Euskal- Herría*. Parece que nadie se percate de esto, pero analizado con objetividad es una verdadera locura. Animo al lector que acceda a buscar dicho Estatuto y lo compruebe él mismo. Por si fuera poco, la ideología nacionalista continúa ganando terreno con las futuras generaciones, ya que el colectivo de víctimas del País Vasco, llamado *Covite*, que tiene estatus de organismo consultivo para la ONU, ha alertado en un informe recientemente publicado sobre el proceso de radicalización de la población, incluido en centros educativos públicos del País Vasco [12].

No solamente el nacionalismo lleva mermando la existencia de la Nación española y su integridad territorial, sino también la posibilidad de que España pueda convertirse en un Estado cada vez más moderno. Por todos es sabido que actualmente tanto el País Vasco como Navarra cuentan con una serie de privilegios fiscales lo que les beneficia respecto al resto de las regiones españolas. En el caso del País Vasco su origen se debe a que las tres provincias de Álava, Vizcaya y Guipúzcoa disfrutaron de una serie de privilegios fiscales hasta su abolición en 1876 por Alfonso XII. Este privilegio se debe a causa de haber mantenido su fidelidad al rey Felipe V en la guerra de Sucesión entre el 1701 al 1713. ¿Qué sentido tiene devolver unos privilegios en pleno siglo XXI que no hacen más que destacar esta región respecto al resto de regiones de España, generar potencial discordia entre las mismas, y más importante, contradecir el principio de solidaridad y unión fiscal? No tiene ningún sentido en un Estado moderno y que aspira a serlo más, continuar con esta sinrazón de mantener un sistema injusto y desigual en un país que propugna justo lo contrario. Este es el ejemplo más significativo de lo que *no* puede representar un Estado moderno, y Cataluña u otras Comunidades Autónomas como es lógico, ahora piden lo mismo. Ante esta situación, ¿qué hacer? ¿Ir a más y dedicarse a otorgar ventajas fiscales a todas las Comunidades Autónomas? O ¿concedemos estas ventajas fiscales solamente a aquellas Comunidades que hayan sido más beligerantes con el Gobierno? Ciertamente dar concesiones según el nivel de chantaje sería un criterio bastante efectivo de cara a justificar tal concesión a la opinión pública, como puede que acabe haciendo el Gobierno central a favor de Cataluña.

Después de esta serie de deliberaciones que rozan lo surrealista, debemos de concluir: ¿Conocemos nuestra Historia y el verdadero origen de lo que hoy conocemos como Euskadi? Y si estamos decididos a tener un Estado moderno ¿cómo podemos convencer a la sociedad de que nuestro sistema Autonómico es un sistema injusto e impropio de un Estado moderno? A estas preguntas responderemos más adelante en la Parte IV del libro.

El nacionalismo catalán: el Condado donde se habla catalán

La región de Cataluña, junto con alguna otra del sur de Francia colindando con los Pirineos, empezó a tener identidad como la Marca Hispánica en el siglo IX, una región que, en la época de la invasión musulmana, sirvió como tapón para evitar el avance de los musulmanes hacia el Reino Franco. Dicha Marca Hispánica se componía de diversos condados (no uno solo como pretender hacer ver), hasta que pasaron en 1150 a unirse al Reino de Aragón para formar la Corona de

Aragón, debido a la unión entre la reina de Aragón, Petronila, y el conde de Barcelona, Ramón Berenguer IV. Posteriormente, en 1516 ya con Carlos I, nieto de los Reyes Católicos, el reino de Castilla y la Corona de Aragón se unieron para pasar a ser el Reino de España, hasta nuestros días. Por tanto, Cataluña aun habiendo tenido sus propios Fueros (los mantuvo hasta los decretos de Nueva Planta en 1716), nunca ha sido un reino ni ha tenido identidad política independiente, al menos desde su unión con el Reino de Aragón en el siglo XII. Cualquier otra interpretación torticera para justificar la idea de la nación catalana es sencillamente falsa.

Como comentamos anteriormente, las élites catalanas se aprovecharon de la corriente cultural de la *Renaixença* para resucitar la lengua catalana (era prácticamente una lengua muerta) y explotaron este elemento como elemento cultural diferenciador, junto con la tergiversación de ciertos hechos históricos, para fabricar su idea de nación con la que justificar la existencia de un Estado propio. Este es el itinerario de pensamiento que idearon las élites para básicamente adquirir mayor poder en su región en una época en la que en España había una gran inestabilidad que hacía peligrar el proceso de industrialización de Cataluña. Esta cita de Manuel Azaña, presidente de la República, en el Consejo de Ministros cuando se estaba discutiendo la redacción del estatuto de autogobierno de Cataluña en 1932 resulta concluyente respecto a la asunción de este ideario nacionalista por parte del Gobierno central: "*Y, por último, al abordar la cuestión de enseñanza, hemos tenido presente, y deben tener presente todos los Diputados, que ésta es la parte más interesante de la cuestión para los que tienen el sentimiento autonómico, diferencial o nacionalista, o como lo queráis llamar, porque es la parte espiritual que más les afecta, y singularmente lo es de un modo histórico, porque el movimiento regionalista, particularista y nacionalista -no hay por qué avergonzarse de llamarlo así- de Cataluña, ha nacido en torno de un movimiento literario y de una resurrección de idioma, y, por lo tanto, es en este punto no sólo donde los catalanes se sienten más poseídos de su sentimiento, sino donde la República, juzgando y legislando prudentemente, debe ser más generosa y comprensiva con el sentimiento catalán*" [13]. Ya por entonces no sólo se incidía en el autogobierno, sino en el control sobre la educación como pilar fundamental para continuar con la expansión de las ideas nacionalistas. Como se puede apreciar, ya por entonces la justificación estaba basada en la cultura -lengua particular- y en el sentimiento para reclamar el autogobierno. No tiene ningún sentido que el Gobierno de la Nación española hubiera accedido a este despropósito si no atendemos al contexto de la época, de una gran inestabilidad y debilidad por parte del Gobierno central. Durante la

Segunda República, de 1931 a 1936, se sucedieron tres gobiernos distintos: el primero de Manuel Azaña por coalición entre republicanos y socialistas (1931 a 1933), el segundo por coalición entre los republicanos radicales y la derecha católica de la CEDA (1933 a 1935) y un tercero que fue la unión de izquierdas con el Frente Popular hasta la guerra Civil en julio de 1936. España era un verdadero caos.

Ya en aquella época las discusiones sobre el uso de la lengua oficial en el Estatuto de autogobierno de 1931 eran un elemento fundamental para la expansión de las ideas nacionalistas y la justificación de la existencia de un Estado propio. El diputado de izquierdas Royo Villanova, en defensa de la clase obrera, propuso en la primera sesión del 16 de junio que los catalanes tuvieran la obligación de conocer el idioma castellano y que el Diari Oficial de la Generalitat se editara a dos columnas. Los argumentos que esgrimió fueron los siguientes: "*la obligación de que los catalanes sepan castellano y aprendan el español es algo indispensable para la clase obrera; tan indispensable que yo os digo que, si se deja este artículo sin la adición que yo recomiendo, si luego vamos a la enseñanza sin claudicaciones y debilidades, simplemente con que se conserve el statu quo que ya expliqué el otro día, ellos, por su entusiasmo catalán, porque responden a una preocupación nacionalista, porque creen que Catalunya es una nación y la nación es la lengua y que cuanta más diferencia haya en el lenguaje, más se acercan a su ideal de nación catalana; ellos en sus escuelas no enseñan castellano, y el obrero catalán, nacido en Cataluña, de padres catalanes, educado en catalán, estará mutilado para la lucha social y romperá su solidaridad con los obreros de otras partes"* [13]. Más claro imposible. El nacionalismo instrumentaliza la cultura para sus propósitos de adquirir más autogobierno y control sobre la región. ¿Cómo no va a estar hoy en día el pueblo manipulado si ya por aquel entonces, en los años cuando estaba empezando, ya estaban implementando un plan de expansión de su ideología?

Del mismo modo que en el País Vasco, en Cataluña hoy en día seguimos presenciando inconscientemente la actividad manipuladora de los medios nacionalistas. En las telenoticias de la televisión pública catalana podemos ver el mapa del tiempo de Cataluña mostrando *"els països catalans"* –véase, Cataluña, Valencia y Baleares- sin que nadie se percate de que es pura ideología nacionalista y de que están faltando a la verdad histórica. Repetir cien mil veces una mentira acabará siendo necesariamente una verdad. Mención especial merece el episodio que, según los nacionalistas catalanes, es el momento más emblemático del surgimiento de su nación, el 11 de septiembre de 1714, cuando dicen, el pueblo catalán luchó contra el rey de España para conseguir la libertad de su nación. Los nacionalistas basan su relato de construcción nacional tan fervientemente en este hecho, que cada año desde hace décadas celebran su día nacional el 11 de septiembre (la conocida como *Diada*). No puede haber mayor ejemplo de manipulación de la historia que con este momento histórico. La realidad es bien distinta a la expresada por el relato nacionalista, puesto que los catalanes si bien lucharon hasta la extenuación aquel 11 de septiembre de 1714, no fue contra España, sino *por* España. En aquellos años, España estaba en plena guerra de Sucesión, donde se estaban disputando el trono de España, por un lado, Felipe V, duque de Anjou, de la casa de los Borbones, y por otro, el archiduque Carlos de Austria, de la casa de los Habsburgo. Ambos reclamaban su derecho a la Corona, y el país se dividió a favor de uno o de otro. Principalmente, Castilla se decantó por Felipe y la Corona de Aragón por Carlos. No hubo por tanto ninguna guerra contra España, sencillamente hubo una disputa por saber quién sería el próximo rey de España, y Cataluña fue la región que con más ahínco peleó por el que consideraba su rey –Carlos- y para defender la Nación española, hasta el punto de que la ciudad de Barcelona permaneció meses sitiada y fue el último reducto de resistencia en caer. Como demostración de que este hecho fue así y no de otra manera, como quieren hacer creer los nacionalistas, no hay más que remitirse al *bando de Casanova y Villarroel* publicado por las autoridades catalanas el mismo 11 de septiembre (el día antes de caer la ciudad) el cual arengaba a los catalanes a pelear *"a fin de derramar gloriosamente su sangre y vida por su Rey, por su honor, por la Patria y por la libertad de toda España"*. Qué desconcertante y doloroso es ver cómo hemos acabado permitiendo que los nacionalistas se adueñen de la historia para fabricar un relato "nacional" lleno de mentiras y manipulaciones. Precisamente sobre esta permisividad hablaremos más adelante, ya que históricamente no puede entenderse el avance del nacionalismo sin la "ayuda" del Gobierno central.

El aliado oculto del nacionalismo: el Gobierno central

No puede entenderse el éxito del nacionalismo vasco y catalán sin otro elemento que resulta fundamental en la ecuación: *la desidia y la dejadez de los distintos Gobiernos de España respecto a esta cuestión*. Puede entenderse que en una época como la que era el final del S.XIX y comienzos del XX, España estuviera aun saliendo de la espiral pesimista y de la crisis existencial que suponía el haber perdido todas sus posesiones en ultramar (y de la forma en que las perdió), y que, por tanto, no tuviera las fuerzas suficientes para plantar cara a un nacionalismo, que, por otro lado, era aún muy incipiente. Precisamente por incipiente, aquella España moderna y liberal de entonces, la cual estaba en plena lucha frente a la España más tradicionalista, se cuidaba mucho de proteger a aquellas minorías o capas de la sociedad más débiles frente a los grupos históricamente dominantes: la aristocracia, la Iglesia y la alta burguesía. No obstante, de tanto alimentar al pequeño, que al principio parecía hasta simpático –un movimiento que defiende los particularismos regionales con cierto aire de romanticismo-, se ha convertido con el tiempo en un monstruo capaz de plantar cara a la propia identidad y estabilidad territorial de la Nación española.

Durante esa época puede entenderse el proceso de desarrollo del nacionalismo, pero lo que resulta más difícil de entender es cómo en pleno siglo XXI, los políticos sean aún incapaces de enfrentarse cara a cara con un problema que es cada vez de mayor envergadura, y que está, ahora sí, seriamente afectando a la estabilidad nacional en términos de deuda y de integridad territorial. El nacionalismo periférico es el principal problema que tiene actualmente nuestra Nación, no solamente porque amenaza la unión territorial, sino porque de la manera en que las élites locales lo han configurado, tiene como rehén a la población que vive en dichas regiones. Ha habido tanta desidia por parte del Gobierno central en las últimas décadas en enfrentarse a este problema, quizá porque no lo había visto tan grave como hasta ahora, que las élites locales han podido ir construyendo esa nación de diseño hasta el punto de tener controladas a las masas, poniéndolas en contra hasta de la propia Nación española y de sus símbolos. Como desgraciados ejemplos de esa desidia, los tenemos en 1996 con el Gobierno presidido por aquel entonces por José María Aznar, cuando cedió la educación para dejarla en manos de las Comunidades Autónomas y por tanto también de los nacionalistas, o del comentario en 2004 que el presidente del Gobierno, José Luis Rodríguez Zapatero, dijo respecto a la Nación española, como un concepto "discutible y discutido", siguiéndole el juego ideológico a las tesis nacionalistas. Ambos ejemplos, llevados a cabo tanto por gobiernos tanto de derechas como de izquierdas, han ido dando cada vez más fuerza a esos relatos ficticios de construcción nacional. Lamentablemente, se ha frivolizado durante demasiado tiempo con un asunto que es de vital importancia para el futuro de nuestra Nación.

Cuando he tenido la ocasión de hablar con personas que confiesan ser independentistas y he tenido la oportunidad de intercambiar ideas respecto a cuáles son sus argumentos principales para defender, en este caso, una Cataluña independiente (y podría aplicarse de igual manera a País Vasco), observo que éstos van saltando del argumento económico al cultural para justificar su postura. No obstante, noto que, en momentos de tensión dialéctica, cuando ven que varios de sus argumentos pierden fuerza uno tras otro, es reacción habitual acabar escuchando afirmaciones en la línea de que en el fondo lo que ocurre es que sienten a España como algo lejano o incluso que se sienten abandonados por ella, que ésta no está solucionando sus problemas o que no se invierte lo suficiente para el desarrollo de su región. En el fondo, lo que me están diciendo es que no sienten una presencia verdaderamente nacional en su región, no solo en términos de inversión sino más importante, anímicamente. A decir verdad, una cosa sí que es cierta y tengo que darles la razón a estas personas, y es que mientras el nacionalismo y los partidos que defienden estas ideas han ido expandiendo su relato más y más, haciendo mucho ruido con su ideario (como el ya famoso *"Espanya ens roba"*, que es falso), e imponiendo sus símbolos frente a los nacionales, mientras, el Gobierno central y los partidos nacionales no han hecho nada para evitar la expansión de estas ideas en la sociedad, ya que nunca se han atrevido a confrontarlas públicamente y de una forma contundente. Históricamente, en las últimas décadas, ha habido un vacío "nacional" en Cataluña y País Vasco que ha sido ocupado por los partidos que defienden el nacionalismo y cuya ideología han ido expandiendo y justificando incluso más allá de sus regiones.

Es por esta razón, por la inacción de los partidos nacionales, por lo que el relato nacionalista ha ido creciendo con tanta fuerza. Por tanto, específicamente, el nacionalismo ha crecido en las regiones de Cataluña y País Vasco porque las instituciones del Estado y los partidos nacionales lo han permitido. Así de sencillo. Más adelante, en la Parte IV del libro, explicaremos los motivos detrás de esta inacción, pero adelantaremos que se debe a la dependencia que los partidos nacionales tienen de los partidos nacionalistas para poder ejercer una efectiva gobernabilidad del país debido al sistema actual de elección. Volviéndonos a centrar en las conversaciones con estas personas declaradas independentistas, ¿cómo creen los lectores que sería el pensamiento de una persona que ha vivido en estas regiones donde ha habido una presencia fuerte del nacionalismo durante años? Como ciudadano, si llevara habitando alguna de estas regiones durante 20 ó 30 años y sólo oyera una única versión y viera que los únicos que se "preocupan" por mí son los nacionalistas, ¿qué esperan los demás españoles de otras regiones que haga? Aunque no sea cierto que el Estado español no invierta en mi región, si nadie se preocupa por contradecir estos argumentos, por muy falaces que sean, evidentemente acabaré convirtiéndome en nacionalista pensando que se nos trata injustamente e incluso convencerme que mi nación no es la española sino la tierra chica donde vivo. Además, ¿acaso no veo que tenemos bandera propia, himno propio, tribunales propios, sistema educativo y sanitario propio, canal de televisión y radio propios y un largo etc? Si toda mi vida he sido educado a través de un sistema educativo que me explica que mi región es diferente a las demás y que es una nación, basándose en unas particularidades culturales, y nadie se ha preocupado por enseñarme o explicarme lo contrario, ¿por qué se espera de mí que discierna entre la verdad y la versión oficial de mi región promovida por sus instituciones? En ese sentido, si siempre se me ha presentado un único relato y nadie se ha preocupado por matizarlo o corregirlo, ¿qué ha hecho por mí España si los políticos de Madrid ni si quiera se molestan en responder a los argumentos de los nacionalistas cuando estos tratan de expandir su ideario a través de los medios y de la educación y echar la culpa a España de todos sus males? Aunque dichos argumentos son todos falaces, lo que debe quedar claro es que aquí no se trata de quién dice la verdad, sino de quién pone más empeño y hace más ruido en imponer su relato. Por tanto, llega un punto después de muchos años de dominación ideológica nacionalista y de un abandono mediático claro de las instituciones del Estado que una gran cantidad de personas, pese a tener una excelente formación técnica en algunos casos, por convicción o por despecho, están alineadas con las tesis nacionalistas y acaban convencidas sobre su "identidad diferencial".

En conclusión, después de haber argumentado abiertamente frente a personas que se confiesan independentistas, he llegado a la conclusión de que sus motivos de fondo son *puramente irracionales, de sentimiento*. Los nacionalistas se han ganado el corazón de la gente y ante eso no hay argumentos racionales que valgan. La batalla está perdida si se pretende ganar el favor de estas gentes de la noche a la mañana, y nunca se ganará a base de dar más dinero o de plegarse a las exigencias de los partidos nacionalistas dando más competencias de las que ya tienen, entre otras cosas, porque el factor cultural nunca podrá ser un elemento sobre el que pivote la discusión ya que si no estaríamos entrando en la trampa de los nacionalistas, cuando éstos solamente utilizan la cultura como justificación para acaparar más poder. La única solución verdadera pasa por hacer pedagogía, por preocuparse realmente porque los catalanes y los vascos conozcan su verdadera historia como un pueblo que ha sido parte activa de la formación de España, y sobre todo, que sientan a las instituciones centrales y los símbolos nacionales mucho más cerca y con más presencia en sus vidas cotidianas, sin olvidar en ningún caso las particularidades culturales propias de su región.

No obstante, la situación no es nada fácil. Desde mi punto de vista, la mayor dificultad para el Gobierno de la Nación es la de acabar con las ideas nacionalistas *sin* destruir la propia Nación. Digo esto porque después de tantos años de dejar estas dos regiones a su suerte y en manos de los nacionalistas, la sociedad en estas regiones está en gran medida convencida de su carácter nacional, hasta el punto de que incluso una facción de esta (no digo que sea la mayoría, pero cada vez es mayor), rechaza todo lo que represente la idea de España e incluso protege a sus líderes como si fueran dioses. Véase la familia Puyol o al propio partido Convergencia, que a pesar de haber estado detrás de una trama en la que supuestamente robaban una parte del dinero público siguen considerándoles los defensores y hasta padres de la patria catalana.

Ante esta situación, a estas alturas pretender plantarle cara al nacionalismo no haría más que empeorar el clima de convivencia y la estabilidad nacional. Cualquier acto en contra de las élites, las cuales son quienes abanderan el proceso de construcción nacional, o de sus ideas, será tomado como una ofensa al pueblo catalán o vasco, pudiendo generar graves consecuencias a nivel social (por descontado, también económico). Por otro lado, la continuación de la desidia y el abandono de la presencia española en estas regiones, para evitar así cualquier conflicto, no haría más que generar un problema aún mayor en el largo plazo. ¿Qué hacer, por tanto, para solucionar el mayor problema al que se enfrenta la Nación y recuperar estas dos regiones actualmente abandonadas por sus gobernantes, sin provocar un conflicto aun mayor?

Ya sé que hoy se ve mucho más clara la amenaza en el caso de Cataluña que, por ejemplo, en el del País Vasco (afortunadamente aquí se ha conseguido a base de mucho esfuerzo un cierto grado de paz social), pero no olvidemos que en el País Vasco hubo una banda terrorista que ejercía la violencia contra la población. En otras palabras, no podemos engañarnos pensando que los conflictos en una determinada región desaparecerán para siempre, ya que el nacionalismo es como una bomba de relojería, nunca sabes cuándo puede volver explotar, y el detonador lo tiene siempre el partido que ha estado en el poder durante más de 30 años, como ha sido el PNV en el País Vasco y CiU en Cataluña. España no puede estar permanentemente sometida al chantaje de quienes quieren romper la Nación.

El nacionalismo: una ideología totalitaria

En este punto debe de quedar clara una idea que ya se remarcó al comienzo de este análisis, pero conviene volver a recordar: *amor a la tierra y a sus costumbres no es lo que aquí se considera como nacionalismo.* Los nacionalistas son aquellos que difunden ideas basadas en la mentira para romper la Nación española, y por tanto, deberemos de estar en contra de aquellos que las difunden para perseguir sus intereses personales o los de un grupo en particular. En ningún caso, por tanto, se está en contra ni de la sociedad ni de los pueblos de estas regiones ni tampoco de sus costumbres, lenguas o tradiciones propias. Los particularismos (como los llamaba Ortega y Gasset en su obra *"La España Invertebrada"*, 1922) propios de cada región de España, no hacen más que enriquecer y engrandecer a la Nación, y deben de ser objeto de protección. No obstante, éstos no deberían ser utilizados o tergiversados jamás con fines políticos para dividir y sembrar confusión respecto a la Nación, como está pasando ahora, incluso con personas que viven fuera de las regiones controladas por los nacionalistas, y que, aunque aparentemente han recibido una educación basada en lo que es nuestra Historia real, también han acabado confundidas debido al ruido que han provocado éstos. Los defensores de la Nación no podemos caer en la trampa de asumir el relato de los nacionalistas. El sistema político de incentivos en España, como luego explicaremos más adelante en la Parte IV del libro, ha concedido una posición privilegiada a los partidos nacionalistas frente a los partidos nacionales, lo que les ha permitido controlar y ampliar su influencia ideológica incluso más allá de sus fronteras naturales.

Ser y sentirse catalán o vasco puede ser y es perfectamente compatible con ser y sentirse español y europeo, cuestión negada por los nacionalistas para el caso de sentirse español, aunque para ellos sí que compatible con el sentirse europeo, y que, por pura lógica, negar la primera para luego afirmar la segunda, carece de fundamento posible. Por último, también quiero resaltar que toda iniciativa política, incluso la de perseguir la independencia de una región española, es legítima si se hiciera en el marco de la democracia y del estado de Derecho y con tal de que no se manipule y tergiverse la realidad. Los nacionalistas nos quieren convencer de que celebrar un referéndum es democrático y legal mintiendo sobre la realidad y después de construir su relato nacional, engañando a una gran parte del país y de los medios de comunicación. Decir sí a un referéndum de independencia sería caer de nuevo en su trampa de mentiras y manipulación.

Siguiendo la lógica nacionalista, si tuviéramos en cuenta todos los elementos culturales diferenciadores y políticos en España, deberíamos de tener al menos 60 naciones en la península. A modos de ejemplo, debería de serlo la región de Canarias, donde su orografía volcánica, vegetación tropical, sus expresiones isleñas y su gastronomía la hacen única. También la ciudad de Córdoba ha tenido protagonismo desde la época romana siendo posteriormente capital del Califato Omeya. O la ciudad de Toledo también tuvo un papel destacado en la historia, ya que fue una ciudad fundamental en la época visigoda al ser el centro político y religioso del Reino. Ni que decir tiene de aquellas regiones que fueron reinos como Castilla, León, Navarra, Aragón, Valencia o Mallorca. ¿Acaso esta realidad justifica que tengamos 60 naciones y a su vez, 60 Estados en la península? Según las tesis nacionalistas sí, aunque esto significaría retroceder a la época feudal.

En resumen, debemos de sentirnos orgullosos de poder decir en cada uno de los distintos idiomas de España, todos ellos tan españoles como el castellano, que *el enorme patrimonio cultural que históricamente ha existido en nuestra Nación, fruto de la evolución de los siglos, ha sido siempre un motivo de orgullo para los españoles por su riqueza, y de admiración por el resto del mundo.* Por eso mismo, la Nación española es la única que puede garantizar la libertad de los distintos pueblos de España. Desde un origen histórico, representa un espacio de libertades donde cada individuo puede ser y sentirse como quiera sin necesidad de tener que dejar de pertenecer a esta gran Comunidad histórica construida con el paso de los siglos. *En España siempre ha habido respeto por la enorme diversidad cultural y un sentimiento compatible de pertenencia hacia la región como al conjunto del país.* Esta es la gran diferencia entre la Nación española -como Nación histórica-, con la idea de nación que intentan promover los nacionalistas. Las naciones vasca y catalana sólo contemplan afinidad a su región y a su cultura. Para *ser* vasco o catalán sólo se puede *ser* o *sentir* vasco o catalán, y nada más. No cabe ninguna otra opción dentro de su supuesta nación. En este sentido, las instituciones vasca y catalana se han dedicado a imponer su cultura, símbolos y lengua por encima de la libertad de las personas que viven en esas regiones, que no tienen más opción que la de comulgar con esa ideología. Por tanto, en esencia el nacionalismo es totalitario. Es debido a esta circunstancia que el nacionalismo está ganando la batalla a la Nación española. Los nacionalismos han aprovechado este espacio de libertades para acabar con la Nación española y construir sus propias naciones imponiendo sus ideas totalitarias sobre las gentes de su región, e incluso a sus alrededores. Si según sus ideas ellos se sienten "oprimidos" por España, por su Estado y su cultura, y justifican este proteccionismo únicamente para proteger su particularismo frente al del resto de España, ¿cómo puede justificarse que esta misma ideología pretenda ampliar su dominio más allá de sus "fronteras", queriendo imponer su control sobre otras regiones con culturas diferentes como con Navarra en País Vasco, o Mallorca y Valencia en Cataluña? Para los nacionalistas el querer expandir su dominio y su nación a estas regiones colindantes no sería abusivo. De nuevo, podemos observar cómo esta ideología es claramente totalitarista.

Los pasos a tomar para acabar con esta lacra que es el nacionalismo a mi juicio se basan en una clave: *la reforma de la Ley Electoral*. Ahora está muy de moda entre todos los partidos políticos decir que es necesario reformarlo todo, la Constitución primero. Ahora bien, nadie sabe exactamente qué y para qué. Todos intuyen que algo no funciona en el país y que hay que cambiar parte del sistema, pero nadie se atreve o sabe decir con precisión qué es aquello que no funciona o por tanto cómo lo cambiaría de una forma sensata y realista. Incluso algunos sectores sí que pueden haber llegado, a grandes rasgos, y aun no coincidiendo en el diagnóstico, a determinar que uno de los principales problemas para el país es el territorial y la deuda, pero sin ir más allá en sus planteamientos. Yo estoy convencido que el cambio viene primordialmente por la reforma de la Ley Electoral. Quizá estos partidos o grupos no entran a especificar porque saben que el cambio sería demasiado profundo e implicaría rectificar muchas de las cosas que se han dicho y que se han creído como dogma durante mucho tiempo, y que aquí, al menos en parte, intentamos desmontar: el nacionalismo *per se* es malo ya que amenaza la integridad territorial y la libertad real de sus individuos, y el sistema autonómico es una lacra para la contabilidad nacional y por tanto, para el bienestar de sus ciudadanos.

El necesario anti- europeísmo del nacionalismo

Desde la crisis existencial del 98, con la pérdida de las colonias, el país encerrado en la mayor de las depresiones y con la aparición en paralelo del movimiento romántico, se dio la circunstancia de que las élites locales comenzaron literalmente a inventar la historia o a reinterpretar los hechos, de manera que comenzaron a diseñar una nación nueva, que jamás ha existido ni en el País Vasco ni en Cataluña. Y me podrán preguntar los lectores, pero ¿quién eres tú para decidir lo que es una nación, ese concepto tan discutido y discutible, como algunos dicen? Desde luego, es correcto que yo no soy quién, pero sí sé que para afirmar algo hay que basarse en hechos reales, en base a los cuales poder llegar a conclusiones, cosa que el nacionalismo no ha hecho, dado que sus conclusiones se han basado mentiras y en manipular la historia. *La Nación española tiene una legitimidad que las supuestas naciones vasca y catalana no tienen principalmente porque la española se sustenta en hechos históricos reales y las segundas en interpretaciones falaces y tergiversadas.* El relato nacionalista se ha estado dedicando desde sus comienzos a utilizar aquellos elementos culturales diferenciadores para generar la opinión de que el amor a la tierra o patria "chica" necesariamente significa la negación de todo lo demás, de la que ha sido siempre su Nación -la española-, y que los hechos culturales diferenciadores de su región necesariamente tienen que derivar en una idea de nación propia, y que ésta a su vez, en la necesidad de tener un Estado propio. En otras palabras, todo vale nada más que para acabar concluyendo que las élites locales quieren tener un Estado propio. ¿Acaso la sociedad moderna no tiende cada vez más a ampliar horizontes y a desarrollarse en instituciones cada vez más globales? Desde luego esa fue la idea de los padres fundadores de la Unión Europea a partir de 1950, y mucho antes, también fue la idea de Isabel y Fernando cuando decidieron casarse y unir para siempre, en la figura de su nieto, el reino de Castilla y la Corona de Aragón en el 1516. Así ha sido siempre. Pero por la contra los nacionalistas nos quieren ahora convencer de que el tener Estados más pequeños significa progreso. Incluso incurren en la contradicción de que ellos son europeos, de hecho, los más europeos de todos, y precisamente por ello estas élites proponen independizarse y crear mini Estados; pero, como son los más europeos, si consiguieran la independencia y recuperasen todas las competencias del Estado español, ¿volverían a cederlas y estarían dispuestos a ceder incluso más competencias a la Unión Europea, para continuar con el proceso de unificación europea? Digo yo que sí ya que son los más europeos, pero cualquiera que lo viera diría que este proceso, el de quitar competencias para volver a cederlas, sería el más estúpido que se ha visto en toda la historia de Europa. No tiene sentido y dudo mucho que esto fuera a ser así. Decía Mario Vargas Llosa que *"el nacionalismo es hoy día el enemigo peor que tiene Europa"*. Efectivamente, el nacionalismo es esencial y necesariamente anti- europeo. Si siguiéramos la lógica nacionalista, en Europa debiera haber tantos Estados como tantas regiones o comarcas con elementos culturales característicos. Por tanto, si fuera así acabaríamos con 300 o más Estados. ¿Eso es el espíritu europeo moderno o es más bien propio de la época feudal? ¿Realmente queremos fragmentar los Estados para volver a la época de las grandes guerras europeas o por el contrario seguir con el proceso de construcción de la Europa que mayor crecimiento y estabilidad ha otorgado en toda su Historia?

Ahora está muy de moda escuchar la afirmación por parte del nacionalismo catalán de que España ralentiza su crecimiento económico y que el reparto de riqueza es injusto entre regiones. Conviene recuperar un poco de memoria desde un punto de vista histórico-económico para clarificar que esto es sencillamente una afirmación falsa, además de una gran injusticia.

Cataluña como la región industrializada y desarrollada que hoy conocemos, obtuvo su ventaja competitiva entre los años 1770 y 1830 -en los años de formación al comienzo de la revolución industrial-, ventaja que supo aprovechar y desarrolló desde entonces. Paradójicamente, esta ventaja surgió el día después de que Barcelona fuera tomada por Felipe V en 1714. Desde ese momento, Cataluña amplió exponencialmente su mercado al poder acceder libre de aduanas a todo el mercado castellano peninsular, además de las colonias que tenía en ultramar. Felipe V abolió el monopolio que tenía el puerto de Cádiz para que el resto de los puertos de España, incluido el de Barcelona, pudieran comercializar con las colonias en América. No hace falta decir el inmenso beneficio que esto trajo a la industria catalana, en ese momento incipiente. A mayor abundamiento del beneficio que este hecho trajo a Cataluña, la industria textil catalana se benefició de la política proteccionista impuesta por el Gobierno central para defenderla de la textil inglesa, que era más competitiva, a pesar de ir en detrimento de otras industrias españolas. Cuando los nacionalistas catalanes dicen que "España roba", es porque de nuevo las élites locales, por sus intereses, se han encargado de fabricar su propio relato para manipular a la población en contra de España. Los hechos históricos aquí explicados no hacen sino afirmar que los españoles y sus regiones somos más fuertes si centralizamos la gestión y permanecemos unidos.

Qué paradójico que los nacionalistas catalanes celebren como día nacional el de la Diada, cuando esta región obtuvo una de las ventajas más importantes para su industrialización a partir de este acontecimiento. Cuando los nacionalistas dicen "que se nos trata mal" o que "se nos debe dinero porque nosotros aportamos más gracias a nuestra industria", no hace más que demostrar la profunda insolidaridad inter- regional y que esta actitud siempre va a existir, no importa cuánto quiera el Gobierno central ceder ante sus pretensiones, siempre querrán más. Pero para una correcta administración del país, es necesaria una visión nacional a la hora de repartir los recursos y no una visión localista que impere sobre la central. Así no se construye país ni se moderniza la economía de éste, de la que absolutamente todos – incluido las regiones donde hay nacionalismo-, se benefician de manera directa o indirecta. Empeñarse en pensar solo para el beneficio propio no hará más que empobrecer a todos a largo plazo. Hasta ahora esta actitud ha beneficiado a las regiones nacionalistas por el simple hecho de que han exigido al Gobierno central mientras las demás regiones han estado bastante tranquilas, sin exigir en exceso como lo hacen éstos. No obstante, si por el ejemplo dado por estas regiones nacionalistas, empezaran todas las demás a exigir de la misma forma, sin mesura, sensibilidad nacional y lealtad institucional, será cuando se empezará a notar en el conjunto del país y con una mayor claridad la negatividad de la ideología nacionalista. Por tanto, hay que reformar el sistema para evitar que vaya a más y de ello hablaremos en la parte IV del libro. Me parecería comprensible que, a la larga, continuando con esta dinámica, otros partidos que no eran más que regionalistas –es decir, que compatibilizan una visión regional y nacional-, acabasen por querer seguir el mismo ejemplo de los nacionalistas. Sería comprensible e incluso algo lógico. ¿Por qué no lo van a hacer si sería lo mejor para sus ciudadanos y lo ven en otras regiones? No obstante, con esta dinámica no se construye país, sino un conjunto de países donde cada uno rema donde le convenga. Ante esta situación el Estado central se diluiría para dar lugar a pequeños Estados afectando negativamente a sus ciudadanos y empresas. Por tanto, en cierto sentido muchos regionalismos en España acabarán convirtiéndose, por ejemplo de lo que ocurre en regiones como Cataluña o País Vasco, en nacionalismos incipientes.

PARTE III

Reflexiones previas sobre cómo acabar con el nacionalismo

«España es un país formidable, con una historia maravillosa de creación, de innovación, de continuidad de proyecto... Es el país más inteligible de Europa, pero lo que pasa es que la gente se empeña en no entenderlo»

Julián Marías

Para que podamos empezar a creernos que existe una solución factible a esta amenaza es necesario que primero seamos conscientes del nivel de peligrosidad que este fenómeno supone para nuestra Nación. Sin una conciencia clara al respecto será imposible hacer nada, puesto que los nacionalistas en este sentido nos llevan ganando por goleada. Tienen un plan muy claro de qué es lo que quieren y cómo lo van a hacer. Nosotros, los defensores de la verdadera Nación -la española-, y defensores de la Constitución, debemos de tener también un plan si queremos vencer.

Crítica a las soluciones "buenistas" de la izquierda
española

Muchos en España, incluso aquellos que no son nacionalistas, es más, que se consideran *progresistas* y a favor de la unidad de España, defienden que para acabar con este problema lo que hay que hacer es básicamente una "huida hacia adelante". En otras palabras, consideran como una solución inteligente y avanzada el dar aún más competencias a las Comunidades Autónomas. Creen que así se acabará el problema nacionalista y se acabará con las tensiones territoriales. Es más, creen que también conseguiremos un reflejo más fiel de lo que es la España real, una España diversa y rica. En mi opinión, no pueden estar más equivocados, ya que reproduciendo algo parecido a lo que dijo A. Einstein una vez: *no puede solucionarse un problema aplicando la misma lógica con el que fue creado*. A diferencia de lo que pretenden los nacionalistas, en este caso se comprende que no hay mala intención ni motivación por acabar con la Nación por parte de estas personas o grupos de izquierdas, sencillamente se han dejado llevar por los aires románticos y falsamente "progresistas" o "liberales", por ese "buenismo" que llevan arrastrando en los últimos tiempos a muchas personas. Dicen: no está bien hablar de recentralización porque parece que estás oprimiendo la cultura y la riqueza de los pueblos de España. Una prueba más del nivel de manipulación de los nacionalistas y de su grado de influencia en los medios y corrientes culturales en España, especialmente en una parte de la izquierda de este país.

Volviendo a una de las principales preguntas de este libro, ¿está justificada la existencia de mini Estados por el mero hecho de que exista un elemento cultural diferenciador por cada una de las distintas regiones? Para responder a esta pregunta, es necesario empezar diciendo que no nos engañemos más, las Comunidades Autónomas son Federaciones como las que puede tener el Estado Alemán. España ya es hoy en día un Estado Federal. Como esta palabra suena muy mal para un sector importante de la sociedad española, que se confiesa tradicionalista, al redactar la Constitución en 1978 se decidió cambiar el nombre de Federal por Comunidad Autónoma, pero son lo mismo. En la práctica, ¿alguien puede explicarme la diferencia? ¿Acaso no tenemos 17 Parlamentos, 17 banderas, 17 himnos, 17 Tribunales Superiores de Justicia, 17 sistemas sanitarios, 17 sistemas educativos, otras tantas televisiones públicas, etc? Me podrán decir que efectivamente existen muchísimas similitudes entre todas estas regiones, que esa estructura compleja, por no decir maraña institucional, no empaña la realidad nacional que es España, representada por la bandera y el himno de España y con un Congreso de los Diputados donde se discuten los asuntos de la Nación. ¿De verdad hemos perdido la cabeza y pensamos que todo esto tiene algún sentido? Aunque si queremos ser aún más exactos sí que existe una diferencia sustancial entre España y cualquier otro país donde haya Federalismo, y es que aquí, en España, tenemos un sistema doble: el Federal (las Comunidades Autónomas) y el Centralista (con sus diputaciones provinciales incluidas), lo que nos convierte oficialmente en el único país en el mundo con un doble sistema, simplemente, para contentar inicialmente a aquellas supuestas comunidades históricas o "nacionales", que como se ha demostrado, no son tales, y en consecuencia, ha supuesto incrementar el gasto público en perjuicio de nuestros ciudadanos y empresas. ¡Bravo!

Aunque me duela somos un país un tanto esquizofrénico. Decimos que somos una Nación un día, pero luego sin ninguna razón lógica decimos que podemos ser varias a la vez y decidimos fragmentarnos en pequeños reinos de Taifas, no obstante, manteniendo un sistema centralista, y decimos además que en verdad esa idea de nación es una idea que según el día o la época puede ser una cosa o la contraria. ¡Y lo peor es que esto lo vemos como algo normal! Ahora bien, tengamos cuidado porque criticar esta sinrazón podría suponernos un rapapolvo por parte de los que se consideran *progresistas*. Me exclamarían: ¡Es que eres un insensible y no entiendes los sentimientos de las personas! Y al igual que con este tema con muchos otros. Lo mismo sucede hoy en día con la cuestión económica en nuestro país. Muchos periodistas, los sindicatos y la oposición critican la incapacidad del actual Gobierno del PP para gestionar la economía y hacerla más eficiente. Critican las subidas de impuestos a costa de los más débiles: los ciudadanos trabajadores y las pequeñas empresas. Se quejan de todo, pero al mismo tiempo pretenden proteger y seguir desarrollando un sistema, el Autonómico, que precisamente es el que está produciendo toda esta sangría económica. Hemos llegado a un punto donde criticar al Gobierno porque es de derechas o de izquierdas es absurdo. Todos están obligados si no quieren que vayamos a la quiebra a hacer lo mismo: subir los impuestos para cubrir el enorme gasto que supone nuestra gigantesca estructura administrativa. *La ideología ha dado paso al pragmatismo por pura supervivencia.*

No obstante, aunque algunas cosas no funcionen en este país, eso no quiere decir que haya otras de las que nos tenemos que sentir orgullosos. Desgraciadamente, el hecho de vivir en una contradicción constante es lo que nos desenfoca la visión para poder vislumbrar qué es aquello que debemos de cambiar y qué admirar y mantener. Principalmente debemos recuperar aquellos hechos históricos y recordar aquellos grandes personajes de los que los españoles nos tenemos que sentir serenamente orgullosos, así como de los símbolos que han representado históricamente nuestra forma de ser. Gran parte de ese esfuerzo tiene que venir de la izquierda española, que tiene que abandonar sus complejos y abrazar los símbolos nacionales dándose cuenta de que no es patrimonio exclusivo de la derecha. Entre otras cosas, mucho daño nos ha hecho los 40 años de franquismo desde el punto de vista del acaparamiento de los símbolos nacionales por parte de la derecha española. Lamentablemente hoy en día la izquierda sigue renegando de ellos y adquiriendo una postura "neutral" respecto a España frente a los sentimientos nacionalistas por esta época anterior. Debemos de hacer un esfuerzo para recuperar la Historia de este país, de sus grandes hazañas y de sus ilustres personajes en los distintos campos, para volver a recuperar ese espíritu de Nación sin importar el signo político. Es de justicia. Además, no se puede seguir manteniendo vivo el espíritu nacional si no se recuerda nuestro pasado, no como exaltación de lo que fuimos, sino como legitimación para poder seguir construyendo un futuro prometedor entre todos.

Debemos de reconocer lo que somos con nuestras virtudes y con nuestros defectos, aunque desgraciadamente somos prácticamente el único país que pone más el foco sobre nuestros defectos. Esta es una mentalidad insana e impropia de una Comunidad que pretenda prosperar. Somos de los países que tiene de los mejores sistemas de seguridad social del mundo y de los más solidarios, pero luego nos quejamos incomprensiblemente de lo retrasados que estamos respecto al resto de los países. Tenemos una serie de tradiciones y fiestas únicas y admirables por el mundo entero, muchas incluso reproducidas a su manera en otros lugares del mundo como en EEUU o en Hispanoamérica, como el día de la Hispanidad, para que luego no lo valoremos o incluso reneguemos de ello. Gozamos de personajes tan geniales como desconocidos para el gran público como Emilio Herrera Linares, ni más ni menos que el inventor de la escafandra. O la gesta protagonizada por Joaquín Collar y Mariano Barberán, que fueron los primeros en recorrer la mayor distancia del océano Atlántico en línea recta hasta Cuba, llegando a equiparlo algunos con la llegada a la luna. Somos un país que podemos presumir de estar a la vanguardia mundial en la lucha por los derechos civiles, con personajes históricos como Clara Campoamor o Emilia Pardo Bazán. ¡Tantas mujeres y hombres que han hecho historia!

De la misma forma que tendemos a no valorar lo que tenemos, me duele presenciar cómo algunos quieren renegar de la formidable labor y mensaje de Esperanza que la Iglesia Católica ha estado trasladando a los distintos pueblos del mundo y de la que España ha contribuido de forma activa a lo largo de su larga Historia.

Tenemos una Historia formidable que nos empeñamos en negar, avergonzarnos de ella e incluso contradecirnos respecto a nuestras raíces en un sentido amplio. Queremos ser una cosa y al mismo tiempo dejar de serlo o ser otra distinta. No nos entendemos ni a nosotros mismos. Quizá sea ese uno de los motivos de nuestros males desde hace unos 100 años hasta esta parte. Nos empeñamos en ignorar tantas veces nuestra Historia, por puro complejo, que la sociedad no ha llegado a acceder de una manera popular a conocer y comprender aquellos héroes de nuestros tiempos anteriores. ¿Cómo vamos a mejorar si no tenemos en quién inspirarnos? ¿Cómo vamos a avanzar como Nación si "no tenemos" historia? *Sin un pasado en el que fijarnos no podremos tener un presente que podamos comprender y en consecuencia un futuro que podamos imaginar.*

Tenemos que darnos cuenta de que en España no somos los peores ni debemos de pedir perdón por todo. Esta lacra que tenemos comenzó desde la colonización de América hace cinco siglos: el espíritu pesimista y avergonzado que nace con la famosa obra de Fray Bartolomé de las Casas, *"Brevísima relación de la destrucción de las Indias"*, semilla que dio origen a la leyenda negra española, a base de manipular la historia por parte de los que antaño eran los adversarios de España, los reinos de Francia e Inglaterra, y que muchos españoles acabaron también por creer. La culminación de la decadencia de ese Imperio e impregnación definitiva de ese pesimismo nacional sucedió con la pérdida de las últimas colonias en 1898, época en que como se puede llegar a entender, el espíritu nacional toca fondo y la leyenda negra resurge con más fuerza, provocando el refugio de muchos en un universo mucho más pequeño que es el de la realidad de sus comarcas y regiones.

Ha pasado mucho tiempo de aquel *annus horribilis* y con el paso del tiempo debemos de ir cogiendo perspectiva, y darnos cuenta de que somos una gran Nación, con nuestras imperfecciones, y por eso tenemos y debemos de continuar con la modernización de nuestro país y de sus instituciones. *Debemos de apostar firmemente por una racionalización del sistema que rige nuestras vidas y separar éste de cualquier tipo de realidad cultural o social que nada tiene que ver con las decisiones en el ámbito administrativo o político.* Necesitamos desarrollar un sistema liberal en el sentido real del término, fomentando la libertad del individuo en la sociedad y de las empresas en el mercado. Para evitar cualquier confusión por cualquier falso *progresista*, esto no implica abandonar los principios sobre los que se fundamenta nuestra civilización, sino todo lo contrario, abrazarlos más fuerte. Destaco: el derecho a la vida, el respeto por todo ser humano, la familia, el derecho a la información, la libertad de expresión, la libertad religiosa y el derecho a la propiedad privada. Para conseguir estos objetivos, el Estado debe de continuar modernizándose para garantizar estos principios. Fomentar y facilitar el acceso a la educación, a la sanidad y a la información son tres elementos fundamentales para conseguir una sociedad libre. No obstante, si queremos conseguir esto necesitamos un Estado libre de cargas, ligero, que sea lo más eficiente posible para que no ahogue a sus ciudadanos y empresas con más impuestos. Necesitamos un Estado que tenga clara las prioridades de sus ciudadanos y a su vez sea responsable, lo que significa que debe de cuidar el gasto y su deuda, sin suponer para ello un aumento de los impuestos o recorte de servicios. Esto sólo es posible reunificando las competencias de las distintas regiones de nuevo al Estado central, todas las demás soluciones para bajar el gasto público y a su vez reducir la presión fiscal al ciudadano sin afectar a la calidad de los servicios públicos, sería como intentar la cuadratura del círculo, es decir, materialmente imposible.

La trampa "democrática": el referéndum de independencia

Recupero el comentario de esa entrevista que el periodista Joan Ribot hizo al ex presidente de la

Generalitat, Artur Mas, antes de que éste fuera presidente, en 2002. Por aquel entonces, el señor Mas era un convencido acérrimo de la unidad de España. Dicho por él mismo, *"España no es Yugoslavia"* [10] como justificando que España es un país integrador y unido pese a sus particularidades. ¿Qué ha pasado 10 años después para que ahora considere que España sí que es como Yugoslavia y deba de plantear la secesión? Pues básicamente que el gobierno en Cataluña era tan desastroso, la situación económica a nivel nacional y europeo era tan complicada y su partido estaba tan enfangado por asuntos judiciales diversos, que decidió utilizar la bandera de la nación catalana para poner al pueblo catalán en contra del Gobierno central y del *Estat espanyol*. En otras palabras, correr una cortina de humo. Como decía el intelectual británico del siglo XVIII Samuel Johnson: *"El patriotismo es el último refugio de los canallas"*. Así de simple.

Sorpresivamente, lo que me asusta no es que unas élites locales promuevan un proceso de independencia. Lo que verdaderamente me asusta es la increíble capacidad que tuvieron los precursores de este proceso independentista para movilizar tan rápidamente a una sociedad que hasta ese momento nunca se la había hablado tan descaradamente del proceso de independencia. Es increíble ver cómo una persona y un partido político fueron capaces en tan corto plazo de gestionar una masa a priori tan dispar y diversa de pensamiento –como a priori se supone debería de ser cualquier sociedad de cualquier país avanzado y democrático del mundo- para aunarla en una sola dirección y defender una postura que cuanto menos, siendo prudentes, es una iniciativa que de primeras no debería de agradar a cualquiera. A mi juicio esta es una de las mayores pruebas del nivel de manipulación que se ha estado ejerciendo por parte del gobierno de la Generalitat sobre la sociedad catalana durante muchos años. De otra manera esta capacidad de reacción de la sociedad, todos a una, en tan poco tiempo e incluso a sabiendas de los casos de corrupción que sobrevolaban a CiU hubiera sido imposible.

Quiero hacer una matización que creo es interesante hacerla, ya que, aunque durante esta obra, por simplicidad, he mencionado siempre a las élites locales como precursoras del nacionalismo, a mi juicio considero que existen dos tipos de élites nacionalistas. Dicha diferencia la podemos personificar en la figura de Artur Mas por un lado, y de Carles Puigdemont por otro. Es curioso, ya que ambos han sido o son los máximos representantes del pueblo catalán como presidentes de la Generalitat y ambos también están liderando el proceso de independencia. Por tanto, podría considerárseles también como máximos representantes de esas élites de las que tanto hablamos. No obstante, creo que existe una diferencia sustancial en el perfil de uno y de otro que, aunque a efectos prácticos puede no tener trascendencia, en justicia sí que puede servirnos para entender aún mejor la tesis de este libro. Hemos llegado a un punto después de poco más de cien años que hasta gran parte de las propias élites se han creído su propia mentira difundida por sus propios antepasados. A diferencia de Artur Mas, al cual se le ve más formado en asuntos de Estado y que parece que utiliza el catalanismo como mejor le convenga, Puigdemont siempre ha sido un hombre a favor de la independencia, por lo que, para ser sincero, a pesar de ser una figura política negativa para el conjunto del país creo que es un hombre que está sinceramente convencido de que lo mejor para Cataluña es su independencia y que la misma es verdaderamente una nación. Este para mí sería un caso de auto manipulación de las propias élites. Sin resentimiento ni cólera ni rivalidad hacia los que han sido educados desde su juventud en el pensamiento nacionalista, hay que procurar dar luz sobre la verdad de lo que ha sido nuestra Historia.

Una cuestión que me intriga y me inquieta es la simpatía que cierto sector de la izquierda nacional, tanto políticos como periodistas en medios de comunicación, muestran hacia este proceso independentista. Me sorprende enormemente dado que ellos mismos afirman ser defensores de la unidad de España. Me sorprende también porque la mayoría ni siquiera ha estudiado en Cataluña y por tanto tampoco han estado influenciados por los medios oficiales de esa región. ¿Por qué entonces simpatizan con el proceso independentista y con los nacionalistas? Mi explicación es que somos un país que le gusta sentirse "David contra Goliat". En principio ésta es una posición bastante honorable si no es llevada hasta el extremo. A una parte importante del país le gusta siempre ponerse del lado "del más débil" aunque éste no tenga razón o sus argumentos sean falsos. Lo de menos son los argumentos ya que lo más importante es posicionarse contra el fuerte y poderoso. En España hemos sospechado siempre del que es más grande. Pongo como otro ejemplo el caso de Otegui con el nacionalismo vasco. A pesar de las atrocidades que éste ha cometido, nos podemos encontrar a políticos y periodistas que templadamente simpatizan con su causa nacionalista en base a la difícil justificación de que al hacerlo están apoyando a la democracia, entendiendo ésta como la personificación de los más débiles frente a los fuertes. Repito que estos son políticos y periodistas a los que se les supone españoles y constitucionalistas, defensores de la libertad. Hemos perdido el verdadero sentido de la moral e instrumentalizado el significado de lo que es la democracia. Por tanto, de cara a éstos que están tan falsamente concienciados de que defender la democracia es defender a personas como Otegui o el independentismo, el Estado tendrá siempre las de perder aun estando en posesión de la verdad e incluso de la legalidad. Desde esta perspectiva también se puede llegar a entender cómo muchos periodistas y políticos simpaticen con la causa catalana o vasca en el sentido de que la ven como una expresión legítima y democrática de sus pueblos. Lo que no se dan cuenta es que todo este proceso desde el inicio, es decir, desde el origen como tal del nacionalismo, es falso ya que está basado en mentiras y en la manipulación de la historia. Pareciera que la verdad ya no importara puesto que lo único importante es lo que está pasado aquí y ahora en nuestra sociedad. Pero quitar peso a la verdad de los orígenes sería un grave error, no sólo histórico, sino democrático. Tampoco se dan cuenta que, al estar apoyando la secesión, lo que están haciendo es literalmente apoyar la sustitución de un Estado por otro, por un sistema mucho más totalitario ya que está basado en el pensamiento único. Ningún periodista debe de permitir ser instrumento indirecto de aquellos que quieren romper la Nación principalmente porque estarían ayudándoles a continuar propagando la red de mentiras que llevan irradiando desde hace décadas. Por eso pido a todos aquellos periodistas que crean en la unidad de España, en la democracia y que respeten su profesión que hagan un esfuerzo de situarse en los orígenes de este problema a principios del siglo XIX, para así comprender mejor que la solución en justicia no pasa por simpatizar con ellos, sino de *convencer* sobre la verdad a la población, informarles con el máximo rigor y luego por supuesto, que la gente decida.

Por tanto, no es democrático permitir que se celebre un referéndum de independencia en Cataluña. Estamos inmersos en lo que podría llamarse un *"síndrome de Estocolmo político"*, pensando que aquellos que quieren romper España no son tan malos y que su causa es justa, aunque no la compartamos. Hasta qué punto la sociedad española en su conjunto ha adquirido el lenguaje nacionalista y lo ha dado por válido sin darse cuenta, que lo vemos en la forma en la que se realizan hoy día las encuestas por parte de los medios nacionales. Estamos más que acostumbrados a las famosas encuestas del CIS o similares, que realizan las dos siguientes preguntas de manera conjunta a los ciudadanos de las distintas regiones en España: ¿Cómo *se siente* respecto a su región y a España? Y a continuación ¿quiere más o menos *autonomía de gobierno* para su región? Respecto a la primera pregunta sobre cómo se siente el ciudadano respecto a su región y a España, a modo de ejemplo, en Cataluña hasta el año 2011 una media del 14% se sentía sólo catalán y a partir de 2012 esta cifra llegó a aumentar hasta el 25%. Respecto a la segunda pregunta, si se quiere más o menos autonomía de autogobierno, en Cataluña desde el 2011 el apoyo a tener un Estado propio ha ido aumentando exponencialmente hasta alcanzar el 46% [14].

La sociedad española ha caído en la profunda trampa de asumir el relato nacionalista dando por válida la conexión de que el sentimiento es un elemento válido para justificar la creación de un Estado propio. Por tanto, si los nacionalistas han conseguido introducir su tesis ¿cómo de fácil les resultará conseguir tales pretensiones de independencia si el único requisito para ello es el de demostrar al Gobierno central que existe un sentimiento determinado en la población? Convenciendo a la opinión pública de esto, no pueden tenerlo más fácil los nacionalistas que adoctrinar a la población y seguro que en dos o tres generaciones habrán conseguido su objetivo. Precisamente utilizo la palabra adoctrinar ya que el nacionalismo al no tener argumentos reales ha tenido que inventarse la historia para desde ese punto comenzar a diseñar su nación, mientras nuestras instituciones como el Congreso y los partidos políticos nacionales se encuentran maniatados debido a nuestro actual *sistema político de incentivos.* Así de simple y a pesar de ello no nos damos cuenta de que la falacia nacionalista está por todas partes.

El famoso filósofo español Ortega y Gasset escribió en 1930 un ensayo titulado *"La rebelión de las masas"*. En aquel ensayo, casi de forma premonitoria destacó un fenómeno que luego ha ido tomando forma a lo largo de las décadas posteriores. La sociedad actual ha olvidado el verdadero significado de democracia y de estado de Derecho al permitir que se celebren referéndums ilegales o que se promueva desde un parlamento regional, saltándose la ley, la independencia de su región. Tenemos una sociedad que obvia la existencia de nuestro sistema democrático y de nuestro estado de Derecho como si éstos hubieran estado desde siempre instalados en España. Las personas muchas veces se olvidan de que estos dos aspectos de nuestras vidas que ahora son cotidianos son verdaderas conquistas de la sociedad del pasado y que hoy en día aún existe una mayoría de países que no disfrutan de ellas. Por tanto, democracia y estado de Derecho (respeto a la Ley y a sus instituciones) no deberían de ser dos cosas que debiéramos dar por hecho están en nuestro país para quedarse toda la vida. Solamente mantendremos este sistema de libertades si nuestra sociedad y las venideras las protegen.

Ortega llamaba "hombre- masa" a aquél que estaba desinformado sobre la actualidad y desconocía el porqué de las cosas. Es por tanto el prototipo de hombre manipulable, que no piensa por sí mismo. Cada vez predomina en la sociedad este tipo de personas, adictas a lo que dictan los medios de comunicación de cabecera y a las 100 palabras del Twitter. No se puede comprender la realidad si no nos preguntamos los porqués, si no recelamos de escuchar siempre las mismas opiniones y si nos formamos las mismas en base a comentarios de nuestros personajes favoritos de Twitter, como sucede hoy en día. Apoyar o simpatizar con un presidente de una Comunidad Autónoma y su gobierno por incumplir la ley, o transigir con las ilegalidades provenientes de otras instituciones es no respetar la democracia y su verdadero significado. Nos hemos olvidado de que en este país hace no muchos años sufrimos una dictadura y que hoy en día una gran mayoría de países en el mundo no gozan del sistema de libertades que tenemos en España. Por tanto, que haya gente que justifique actos ilegales bajo el pretexto de "libertad" demuestra que no entienden ni valoran el verdadero significado de democracia y del estado de Derecho. ¿O acaso creen que si se permitiera excepcionalmente (o justificaran excepcionalmente) una ilegalidad de alguna institución del Estado para su propio beneficio esto quedaría así y en el futuro se seguirían respetando las leyes? Una vez que se ha abierto la posibilidad de saltarse la ley, no hay vuelta atrás para empezar a deconstruir el sistema de libertades que tanta sangre, sudor y lágrimas nos ha costado construir entre todos. Por tanto, no sería más democrático un referéndum sino precisamente todo lo contrario.

Por otro lado, ¿es verdaderamente democrático poner al pueblo en la tesitura de tener que pronunciarse con un "Sí" o un "No" frente a una simple pregunta que en el fondo pretende resolver un problema complejísimo? Desde mi punto de vista, aquí reside uno de los argumentos que más destapan la trampa democrática de un referéndum. Los políticos nos quieren convencer de que los ciudadanos seremos más libres si nos preguntan a nosotros. Sinceramente, ¿qué sabemos la mayoría de los ciudadanos de los asuntos del Estado como para que nos pongan en esa situación de pronunciarnos ante una sola pregunta? ¿Realmente alguien se cree que esto es verdadera democracia, responder con un "Sí" o un "No"? Para mí esto denota dos cosas: la incapacidad y falta de voluntad de los políticos de resolver los verdaderos problemas de los ciudadanos, dejando la responsabilidad a éstos en vez de asumirla ellos mismos (que para eso se les paga y se les presupone idóneos para el puesto que representan), y la segunda, el mejor pretexto para, una vez realizada la votación y si les resultara favorable, tener carta blanca para hacer lo que quieran. Esto último sería así porque responder con un "Sí" o un "No" ante una simple pregunta en absoluto se está respondiendo a nada en particular, dado que en la vida real existen multitud de matices. Por tanto, sencillamente se estaría poniendo al pueblo en el compromiso de tener que pronunciarse sobre algo que los gestores del Estado han sido incapaces de solucionar de manera efectiva y a través de esta fórmula justificar cualquier actividad y decisión a posteriori bajo el pretexto de que "el pueblo soberano ya se ha pronunciado y me ha apoyado". El referéndum es una trampa democrática sin lugar a duda. Democracia es representatividad, transparencia y responsabilidad para con las instituciones que representan al Estado, ligado por supuesto con el máximo respeto al marco legal que rige nuestra sociedad. Un referéndum saltándose la ley, los tribunales, el principio de representatividad y de lealtad a las instituciones del Estado y todo ello además bajo un contexto de manipulación de la información es un cóctel muy peligroso que lo único que traería es un retroceso en la calidad democrática de nuestro sistema de libertades que tanto nos ha costado construir.

Reflexiones sobre el verdadero significado de patriotismo

Creo que la mejor manera de reflexionar sobre lo que significa el verdadero patriotismo es a través de un ejemplo. El que he elegido va a ser para muchos muy conocido. Para mí desde luego es un ejemplo digno de mención, primero, porque engloba todo lo que para mí debe de representar una nación -como proyecto que debe de continuar su proceso de constante modernización durante la historia-, y segundo, porque al ser un ejemplo tan mediático será muy fácil que el lector inmediatamente conecte con el tema en cuestión.

Me refiero ni más ni menos a la labor de un grupo de jóvenes españoles, provenientes de lugares tan diversos como Sevilla, Salamanca, Lérida, Valencia, Tenerife, Barcelona, Gran Canaria, Guipúzcoa, Asturias, Madrid, Burgos o Albacete, que consiguieron entre 2008 y 2013 premios tan distinguidos como: de ámbito nacional: la Placa de Oro a la Real Orden del Mérito Deportivo (2009), Premio Nacional de Deporte (2008 y 2010), Premio Príncipe de Asturias de los Deportes (2010); e internacionales: Mejor Equipo del Año FIFA (entre 2008 al 2013) y Premios Laureus del Deporte (2013). Por supuesto, espero que los lectores hayan adivinado que se trata de la Selección española de fútbol masculina, la cual consiguió entre los años 2008 a 2012 un hito histórico en la historia del fútbol nacional e internacional, conquistar de forma consecutiva tres títulos internacionales, dos Eurocopa (2008 y 2012) y un Mundial (2010). No solamente consiguió esta gesta, sino que además lo hizo dando un ejemplo del mejor fútbol y de máximo respeto hacia los rivales. ¡Chapó!

Dadas las actuales circunstancias nacionales, con tanta confusión –incluso diría que pesimismo- que existe actualmente en España acerca de lo que somos y de lo que queremos ser, ¿hasta qué punto hemos obviado el enorme mérito que tiene que este grupo de 23 chavales hayan conseguido algo que ningún otro equipo del mundo ha conseguido en la historia? Ante esta pregunta no quiero que se me entienda mal y se interprete que pretendo sacar ningún rédito nacionalista español al respecto. Sencilla y llanamente, esta es una excelente demostración de que, trasladado al ámbito extradeportivo, no existe absolutamente ningún problema para que podamos seguir trabajando juntos en la construcción de este proyecto que es España y que lleva forjándose siglos. La razón de porqué esos 23 chavales de tantas partes distintas de España y formas tan diferentes de sentir fueron capaces de conseguir tales hazañas es debido a que se dejaron de un lado los posibles prejuicios y se centraron en trabajar por y para el grupo dando lo mejor de ellos mismos. Sólo importaba el grupo y supieron aislarse de todo el ruido. La historia de la Selección española *no* es una historia de la Nación española y de la que puedan servirse los representantes oficiales de la Nación para ensalzarla como si de un país totalitario se tratara. La historia de la Selección *es sólo* la historia de unos chavales y nada más, que casualmente eran españoles, pero que tiene que servirnos a todos como inspiración en nuestro trabajo, en nuestra familia y por supuesto, en la idea de construcción de nuestra Comunidad a todos los niveles.

Respecto a la consideración de lo que significa ser patriota, sólo quiero hacer un comentario más que puede resultar bastante paradójico, incluso contradictorio, pero pienso merece la pena hacer para incitar a la reflexión.

Por muchos es bien conocida la polémica de algunos jugadores de esta Selección, todos de ellos catalanes, a los que se les acusa de peseteros y de no ser verdaderos españoles, por, supuestamente, sentirse únicamente catalanes. Esto como muchos lectores saben ha provocado en ocasiones discordia entre la afición y estos jugadores, a veces motivado por algunos gestos que pueden interpretarse en uno u otro sentido -sin querer pronunciarme al respecto ya que no es el objeto de la reflexión que quiero hacer-. Pensemos sólo por un momento, sólo a modo de ejercicio, que esto fuera así, y que dichos jugadores no se sintieran españoles. ¿No resultaría paradójico que quienes han podido traer en los últimos tiempos más gloria a este país deportivamente hayan sido, "supuestamente", personas que no se sienten parte de él? Si eso fuera así, ¿acaso todas aquellas personas –aficionados- están justificadas para criticar ese u otro sentimiento concreto cuando con casi con toda seguridad ellos nunca han hecho nada parecido por España? En este sentido, y salvo que hubiera una demostración explícita por parte de alguno de estos jugadores de rechazo a España (cosa que no ha habido), ¿paradójicamente no serán estos chavales, los Puyol, Piqué o Xavi, más españoles que la mayoría que los critica? ¿Cómo se mide el patriotismo? Desde luego yo huyo de aquellos que creen que patriotismo es aquél que más grita en un estadio de fútbol o el que más banderas de España lleva en la ropa cuando va por la calle. Para mí esos que llevan tanta fachada, pero luego critican a los que realmente ensalzan a España con su trabajo son falsos patriotas, y diría que muy peligrosos. Los verdaderos patriotas a veces ni se dan cuenta que lo son, sencillamente porque no pretenden serlo. Es gente, la mayoría de las veces anónima, que se limita a dar lo mejor de ellos mismos y a pelear por los que tienen a su alrededor. Los premios o reconocimientos serán la consecuencia de aquello, no el fin. No podemos entender la Nación española como una cárcel que aprisiona a los que están dentro y les obliga a ser patriotas. Debemos de entenderla como un espacio de libertades donde caben todos y donde se garantice que todos podamos ser y sentir como queramos y desarrollar nuestros sueños y nuestras aspiraciones libremente. Para construir este espacio de libertades no cabe construir muros ni utilizar el factor diferencial cultural como elemento de división. Precisamente por ello y porque en España aún es posible ser y pensar como uno quiera sin prejuicios, es por lo que en este país personas tan diferentes y de talento tan dispar como los de Xavi, Puyol, Iniesta, Piqué, Casillas, Ramos o Villa han podido provocar tanto reconocimiento del resto del mundo.

Petición al Lector

Estimado Lector: creo que es importante para que usted haga una adecuada lectura de la que es la Sección más importante de este libro, la parte IV, invitarle a que lo haga de una determinada manera. Si el lector me lo permite, sólo le pediré una cosa y le pido disculpas de antemano por querer interferir en su lectura. En el momento que comience a bucear en la solución planteada en la parte IV, le pido que no se desespere inmediatamente dejando que el pesimismo inunde su ánimo. Le aviso no por gusto, sino porque es muy probable y hasta cierto punto entendible que esto ocurriese. Le pido por tanto que tenga paciencia y lea el conjunto del planteamiento que iré desarrollando, del cual irá usted descubriendo nuevos matices que estoy seguro responderán a todas sus inquietudes acerca del realismo de mi propuesta. Obviamente, la magnitud del problema a resolver es gigantesco y complejísimo. Esto lo ha ido comprobando desgraciadamente durante mi diagnóstico. Es por eso por lo que le pido que haga un esfuerzo para aislarse del ruido mediático y alejarse de todo lo que se oye últimamente en nuestra sociedad. Necesito que el lector pueda coger un poco de perspectiva. Esa es la única forma para que usted pueda dejarse inundar por aquel ánimo que sólo ha llegado a poseer a aquellas personas que en ciertos momentos de nuestra Historia los ha llevado a hacer cosas memorables y a priori imposibles de acometer. Crease, estimado lector, que teniendo la máxima convicción y energía sí que se puede transformar un país para que éste sea uno mejor y más libre. Sólo con ese espíritu se puede leer de una manera provechosa la parte IV de este libro.

PARTE IV

"Visión España 2040": propuesta para construir un país de progreso. La revisión del *sistema político de incentivos* (La Ley Electoral)

«El regionalismo ya no es sólo el cascabel de los que pretenden el despedazamiento de nuestra querida Patria, sino que es el cascabel de aquellos locos o malvados que pretenden renunciar a ella, separarse de ella. Contra semejante tendencia, ya lo he dicho en otra ocasión, el partido liberal está dispuesto a luchar en todo momento, en todo trance, en todo instante, por todos los medios y con todas las armas de que pueda disponer»

Mateo Sagasta

Mencioné anteriormente que la clave para conseguir acabar con la amenaza del nacionalismo pasa por la reforma de la Ley Electoral. Pero ¿por qué? Y ¿cómo? Para responder al por qué, diré que la sociedad y también sus instituciones se basan en incentivos. Al igual que las empresas, la política también funciona por incentivos. Tenemos que entender que los políticos, por lo general, no son ni peores ni mejores por el mero hecho de haber nacido en España, frente a políticos de otros países. Muchas veces en sus actuaciones influye, como no puede ser de otra manera, su nivel de formación humana y preparación técnica. No obstante, en otras ocasiones, es el sistema de incentivos el que determina sus actuaciones, a pesar de cuál sea su formación y preparación. A esta misma conclusión llegaron también los autores del ya mencionado libro *"Por qué fracasan los países"*, escrito por dos especialistas en economía y política por las prestigiosas escuelas del MIT y Harvard, que consideran el sistema de incentivos en política como un aspecto fundamental para el desarrollo económico de los países. La mayoría de las veces los españoles hemos puesto el foco en este primer elemento –la preparación de los políticos- como causa de la crisis política: políticos sin formación universitaria, sin experiencia en la gestión, etc. No obstante, nos olvidamos de que el sistema de incentivos resulta fundamental para entender muchas veces la toma de decisiones de éstos. De hecho, diría que este segundo elemento es el más importante (sin restar importancia al primero). *El sistema de incentivos en la política podría resumirse en la Ley Electoral*. Los políticos y sus partidos miden su éxito en función de las elecciones, y del grado de poder que éstos hayan alcanzado fruto de éstas. Por tanto, queramos o no, centrarán su actividad y sus esfuerzos en maximizar este resultado. Con esta afirmación, la cual me parece lógica y que todo el mundo conoce, no quiero decir que los políticos no puedan querer buscar lo mejor para el país y su población. Es más, diré que creo firmemente en que el 95% de las ocasiones es así. No obstante, también es cierto que muchas veces resulta una tarea arduamente complicada el mantener un alineamiento entre buscar lo mejor para el país y maximizar los resultados electorales. Especialmente, cuando el sistema electoral prevé el acceso al Congreso de los Diputados a minorías que representan a regiones muy concretas y que sólo trabajan para ellas, y más aún, cuando dichas minorías lo que pretenden es una mayor autonomía de gobierno e incluso la secesión del resto del país. Si los partidos nacionales tienen que pactar para sacar adelante acuerdos de gobierno o de leyes en el Congreso y como única opción es la de hacerlo con estas minorías, a las cuales el sistema electoral les ha concedido una capacidad de representación a nivel nacional, ¿cómo podemos sorprendernos de que tengamos una Nación cada vez más esquizofrénica, con personas que la niegan e incluso simpatizan con los que quieren seguir troceando el país? Con este sistema de incentivos, me parece lo natural. Como mejor representación de esta realidad, merece la pena traer a colación la escena que se produce cada año en el Congreso de los Diputados el día del debate sobre el estado de la Nación, que a mi juicio es absolutamente esperpéntica. Como su propio nombre indica, el debate sobre el estado de la Nación es una ocasión especial que la ley prevé cada año para que el Gobierno dé cuenta al resto de la Cámara sobre el desarrollo de sus políticas en el conjunto del país y a su vez la oposición tenga la oportunidad de presentar sus opiniones al respecto. Resulta irrisorio, si no fuera porque es un tema serio, ver cómo cuando es el turno de los portavoces de CiU, ERC, PNV o de cualquier otro partido nacionalista, estos partidos se dedican a hablar nada más que de su región y de sus propios problemas como cuando Umbral en aquella famosa entrevista dijo que él "venía a hablar de su libro". Como espectador sería una sensación profundamente desconcertante si no fuera porque desgraciadamente ya estamos demasiado acostumbrados a presenciar este tipo de escenas en el panorama político nacional. Por lógica pura de lo que defienden y a quienes representan cada uno de estos partidos nacionalistas, es evidente que no existe ni puede existir un verdadero *debate* sobre el estado de la Nación. Básicamente se acaba asemejando a un debate entre sordos. Con esta configuración recurrente de la principal Cámara de este país, legislatura tras legislatura, los partidos nacionalistas no tienen otro interés más que permanecer ahí para ver qué sacan a favor, con el fin de tener un mini Estado cada vez más perfecto dentro del español. A lo largo de esta historia reciente de la democracia española se puede ver los distintos pactos con los nacionalistas de dos maneras: como que ha triunfado la democracia, que sería la manera *naïve*; o como que los nacionalistas continúan con su chantaje a los partidos nacionales, que sería la manera realista de verlo.

Hay que destacar que la razón por la que ha avanzado el sentimiento independentista en regiones como el País Vasco o Cataluña se debe al abandono de las instituciones y de los partidos políticos nacionales de dichas regiones. Desde hace décadas, y de manera progresiva, se ha generado un vacío de la presencia nacional. Este vacío lo han ocupado muy inteligentemente los nacionalistas construyendo un relato basado en falsedades y queriendo confundir a la población sobre la existencia de naciones que no existen. ¿Pero cómo es posible que esto se haya permitido? Es una pregunta legítima que el lector puede hacerse, incluso dudar sobre esta realidad. Sin embargo, es muy fácil de explicar. Si bien es cierto que el nacionalismo ha avanzado por este motivo, esto se debe únicamente como la consecuencia del sistema político de elección que existe en nuestro país. El abandono de las instituciones nacionales no es voluntario ni explícito, es la *consecuencia* del chantaje que los partidos nacionalistas hacen en la Cámara de representación nacional, es decir, el Congreso de los Diputados. Debido al *sistema político de incentivos* resumido en la ley electoral, los partidos nacionales no pueden más que plegarse a las exigencias de los nacionalistas. Esto se traduce en ceder cada vez más competencias, hacer la vista gorda cuando existe extralimitación de competencias por parte de las Comunidades Autónomas o resignarse ante los abusos de poder que los partidos nacionalistas llevan a cabo en sus regiones en términos de imponer su ideología de nación propia. Los partidos nacionales no pueden hacer otra cosa porque la gran mayoría de las ocasiones necesitan el *consenso* de la Cámara para sacar adelante leyes para el conjunto del país, y tal y como está configurado el sistema de elecciones, la mayoría de las ocasiones *necesitan* el voto nacionalista. ¿Realmente pensamos que un nacionalista ante esta tesitura va a pensar en el bien nacional o en sus propios intereses? Es un arma perfecta que tienen a su alcance mediante la cual están destruyendo el sistema poco a poco *a través* del propio sistema. Resulta irónico, pero es así.

Por tanto, debemos de entender que es fundamental para la supervivencia de la Nación, y a más a más, la continuación del proceso unificador de Europa, que los partidos constitucionalistas lleven a cabo un plan para modificar el sistema político de incentivos, que a medio plazo modifique la administración del Estado para hacerlo más eficiente y consistente por el bien de sus ciudadanos. Por ese motivo, los ciudadanos necesitamos que nuestros partidos constitucionalistas tengan un plan para hacer frente a esta serie de amenazas para la Nación y también, a largo plazo, para garantizar que el resto de Europa continúe con su proceso de construcción supranacional. La modificación, en un largo plazo, debe de enfocarse en el Título VIII de la Constitución que regula la organización territorial del Estado. Como hemos comentado anteriormente, no es necesario modificar la Constitución "en general". De hecho, creo que nuestra Constitución es una excelente norma que nos representa a todos. Hay que ser muy quirúrgico con lo que se quiere modificar, y por eso en mi propuesta no mencionaré multitud de cambios legales salvo la Ley Electoral, al menos a corto plazo. No hace falta por tanto pensar inmediatamente en ninguna Segunda Transición como muchos medios y partidos están reclamando ya que en el fondo demuestran que no saben qué quieren decir. Afirmar esto sin más es demostrar que no se sabe realmente qué teclas tocar del sistema para mejorarlo de forma efectiva. Si hubiera mayores cambios de tipo legal será en un largo plazo, cuando la sociedad estuviera preparada, y no al revés.

Al igual que hablo del sistema que rige a las administraciones públicas, me refiero a otros de calado como pudiera ser el de tener un régimen Monárquico o Republicano. Muchos se engañan a sí mismos y lo que es peor, a los demás, pensando que cambiar uno por otro es la solución *per se* para conseguir un Estado moderno. Se equivocan. De hecho, pretender hacer este cambio, como algunos, incluso personas altamente formadas de la sociedad, llevan demandando desde hace décadas, no supondría más que el desastre dado que llevaría al país a una situación de enorme inestabilidad. España no está preparada para debatir sobre la conveniencia de un régimen u otro. Este debate, si tuviera que darse en un espacio de democracia donde el pueblo decida serenamente y con información, sería a consecuencia de otros cambios que previamente tendrían que darse, como los que se están proponiendo a lo largo de este texto.

Por todo ello, quiero proponer un plan que a mi juicio es sensato y realista, que no por ello digo es fácil. Procedo por tanto a enumerar los pasos cronológicos que contendría dicho plan:

Plan en seis pasos para mejorar el sistema de incentivos en la política española y acabar con la crisis territorial y de deuda:

Primero: El Pacto de Estado

Decía Julián Marías, "*Lo que más me inquieta es que en España todos se preguntan: ¿qué va a pasar? Casi nadie se pregunta: ¿qué vamos a hacer?*". Pues bien. Hay que tener muy claro que no puede construirse un plan contra el nacionalismo sin consenso de los grandes partidos que representan a la mayoría de la sociedad española. Los principales partidos nacionales y constitucionalistas deben de considerar unánimemente esta amenaza nacionalista como un asunto de Estado y prioritario. De la misma forma que lo fue el terrorismo en su momento -con 829 muertos y 38 secuestros en su historia-, los grandes partidos nacionales deben de trazar una línea estratégica común y respetarla, sin utilizar nunca el asunto del nacionalismo como un arma electoral o partidista. No pueden los partidos nacionales incurrir en el error, como ya ocurrió con el nacionalismo vasco en los peores años y ahora con el catalán, de asumir su relato repleto de falsedades y manipulación. El nacionalismo en esencia es *victimista,* y se aprovecha de las disputas internas que tienen los partidos nacionales por el poder del Gobierno central. Es más, dada la forma de ser de un amplio sector de la izquierda moderada que siempre ha sido muy sensible con la defensa de las minorías, los nacionalistas también se han aprovechado para sembrar cizaña y confusión entre estos frente a la derecha moderada española. Éstas son las mejores armas del nacionalismo, y ellos lo saben. Ya es hora de que los partidos nacionales y constitucionalistas de izquierdas y de derechas se den cuenta y colaboren en este objetivo común por el interés general.

Segundo: La refundación del PSOE

El Partido Socialista, como un gran partido nacional que ha servido a España durante muchos años, debe de reconstruir su ideario para volver a ser útil para los intereses generales. Cuando una rama muy importante del PSOE ha estado exigiendo históricamente que España sea un país Federal en verdad éste ha estado sufriendo un constante "gatillazo" político, ya que no sabe muy bien lo que está diciendo. El PSOE al defender esta postura ha demostrado que anda algo perdido y que no sabe muy bien lo que quiere decir, puesto que, si lo supiera, se daría cuenta de que lo que pide ya lo tenemos en la actualidad. Es más, como hemos dicho, tenemos un doble sistema, el "federal" (o autonómico) y el central. Por tanto, ¿debemos de entender que el PSOE es un partido que está pidiendo la desintegración del Estado español y de la Nación? Por supuesto que no. El PSOE es un partido nacional y que siempre ha creído en la fortaleza del Estado. Precisamente por eso el PSOE anda desde hace mucho tiempo sumido en una enorme contradicción interna que tiene que descubrir para poder volver a ser útil a los intereses generales. Mientras este partido siempre se ha caracterizado por ser un partido que ha defendido a las minorías, en este caso debe de darse cuenta de que el nacionalismo no es lo mismo que defender los elementos culturales diferenciadores de cada una de las regiones. El Partido Socialista, como un partido esencialmente español desde su constitución, debe de repensar cuál debe de ser su postura en este sentido y darse cuenta de que no puede volver a caer en el error de creer las mentiras históricas esgrimidas por los nacionalistas, ya que éstos son en esencia enemigos de la unidad de España y de la democracia. El PSOE puede haber sido un buen catalizador de la sociedad española, ya que su progresiva decadencia debida a su contradicción interna puede ser también representativa de la sociedad española. Si quiere refundarse debe de volver a sus orígenes como partido nacional a favor de la unidad de España y de sus símbolos y perder ese complejo de que dicha conducta sólo es patrimonio de la derecha. Por tanto, para empezar su nueva andadura el Partido Socialista debería de reconfigurar su estructura, desvinculándose de sus sucursales en el País Vasco y Cataluña, las cuales han acabado contaminadas por el discurso nacionalista, para refundar otras plenamente alineadas con la idea de una España unida y contrarias a las ideas nacionalistas.

Tercero: La reforma de la Ley Electoral y del Senado

Tanto Partido Popular como Partido Socialista, y a ser posible un tercer partido nacional y constitucionalista, como podría ser Ciudadanos, deberían de pactar la reforma de la Ley Electoral para que ésta sea más representativa de los intereses generales y nacionales, procurando únicamente la presencia de partidos con presencia nacional en el Congreso de los Diputados.

Para conseguir esto habría que reformar la Ley Electoral. La Ley Electoral debe de ser un instrumento para servir a los fines de la Nación y no como escollo para su desarrollo. Como hemos apuntado ya, resulta vital para el desarrollo económico de un país el que éste tenga un correcto sistema de incentivos, pero no sólo en el ámbito económico, sino también en el político. Desde el punto de vista político, este sistema se resumiría en la Ley Electoral, entendida ésta como el sistema de elección de los representantes de los ciudadanos, a través de los partidos políticos, representación que ejercerán a través del Congreso y del Senado. El primer paso para la reforma pasaría por una adecuación de las circunscripciones a la realidad administrativa actual. Actualmente la Ley Electoral está basada en circunscripciones provinciales, siguiendo el antiguo sistema administrativo, que, aunque aún vigente, éste no tiene ningún sentido frente al sistema de las autonomías. Por tanto, el primer paso sería el de suprimir las circunscripciones provinciales por *circunscripciones autonómicas a efectos de la Ley Electoral*. Cada Comunidad Autónoma sería una única circunscripción, simplificando por tanto el sistema de contabilización de votos pasando de las antiguas 52 a tan sólo 19 (contando Ceuta y Melilla). Sencillamente, se acumularían los escaños por cada una de las provincias pertenecientes a cada Comunidad Autónoma. Hasta este punto, con este nuevo sistema nos habríamos limitado nada más que a simplificarlo y a dotarlo de equidad, al asignar un número de escaños a la población correspondiente en cada nueva circunscripción (presentamos una tabla explicativa al final del Plan).

Otro beneficio que tendría este cambio es que al aumentar la magnitud de las circunscripciones (más escaños por circunscripción en todas las circunscripciones), se aumentaría el nivel de representatividad al reducirse, en general, la ratio "número de votos/ escaño". Es decir, sería más fácil para los partidos conseguir un escaño al haber más escaños disponibles, aumentando por tanto la capacidad de representación de aquellos partidos donde antes éstos estaban lidiando en circunscripciones más reducidas. Por tanto, este cambio tendría un efecto positivo para el sistema electoral, ya antes de la reforma aquellos partidos que obtenían el mismo número de votos en dos circunscripciones diferentes, en la de mayor magnitud (más número de escaños disponibles) obtenían representación y en la de menor magnitud no.

Una vez introducidos estos cambios a nivel de circunscripción, habría que garantizar una verdadera representatividad nacional en el Congreso. Esto podría conseguirse mediante la implantación de un nuevo criterio constitucional llamado: *"necesidad de aspiración de representación supra autonómica"*. Dicho criterio implicaría lo siguiente: sólo podrían acceder aquellos partidos con presencia en al menos *un tercio* de las circunscripciones o lo que es lo mismo, *seis* Comunidades

Autónomas. Por tanto, un partido político, para tener presencia en el Congreso, debería de tener al menos un escaño en cada una de *seis* Comunidades Autónomas. En caso contrario se consideraría un partido que por su vocación regional debería ir al Senado como cámara de representación territorial. En ese caso, en el Congreso todos los votos recolectados para esos partidos con vocación regional se repartirían proporcionalmente entre el resto de los partidos con vocación nacional, para esa circunscripción determinada. Con esta medida, se distinguiría qué partidos tienen vocación y visión nacional y cuales tienen vocación y visión regional. Así, no solamente garantizamos el acceso al Congreso de partidos nacionales, sino que reforzamos el papel del Senado como cámara de verdadera representación territorial.

No obstante, para este propósito el Senado tendría que reformarse, ya que tendría que dejar de ser una cámara de segunda vuelta (función que hasta ahora no ha servido más que para engrosar el gasto público), para ser una de representación territorial donde dicha cámara esté representando el conjunto de las 17+2 Comunidades Autónomas. Por tanto, la forma de representación del Senado tendría la misma estructura que las circunscripciones autonómicas. De alguna forma, sería como introducir a pequeña escala los parlamentos autonómicos teniendo en cuenta la proporcionalidad de la población por cada Comunidad Autónoma (añadimos tabla explicativa al final del Plan). Al mismo tiempo, se establecería un sistema donde todos los senadores se elijan mediante elección, ya que hasta ahora había una parte que se hacía por designación. Por tanto, el Senado estaría representado por los partidos más votados en cada circunscripción (o Comunidad Autónoma, lo cual vendría a ser lo mismo), pudiendo ahora sí los partidos regionalistas y con vocación regional aspirar a acceder a esta cámara. De esta manera, si por ejemplo la Comunidad de Andalucía tiene derecho a un total de 61 escaños, éstos se repartirían entre aquellos partidos que más votos obtengan en dicha Comunidad, pudiendo ser partidos nacionales como PP o PSOE –en este caso defendiendo una posición regional-, o regionalistas como el Partido Andalucista. Tiene todo el sentido este cambio, ya que éstos elegidos por los ciudadanos para el Senado hablarían exclusivamente de aquellos asuntos relacionados con competencias autonómicas, frente al Gobierno central, el cual tendrá también un espacio de representación en la cámara para interactuar directamente con las Comunidades Autónomas. Con esta reforma, el Senado pasaría a ser un foro donde se discutan los asuntos que competen a las Comunidades Autónomas garantizando la máxima representatividad de los partidos con vocación a nivel regional.

Otro beneficio de este cambio sería el incentivo que traería tanto a ciudadanos como a partidos políticos sobre la dirección que tomen éstos en sus decisiones políticas en el marco del nuevo sistema de elección. Aquellos ciudadanos que quieran que su voto cuente o sea "útil" en el contexto de las elecciones al Congreso estarían incentivados para elegir un partido nacional, y a su vez, aquellos partidos políticos que pretendan tener representación en el Congreso estarían a su vez incentivados a presentar un programa electoral con un alcance y visión también nacional. Por otro lado, para los ciudadanos el voto "útil" en las votaciones al Senado sería el votar a partidos regionalistas que tengan una visión más local. Por tanto, gracias a esta reforma estaremos generando un círculo virtuoso donde tanto ciudadanos como partidos estarían actuando en un ámbito más lógico dentro de sus aspiraciones políticas, diferenciando de manera efectiva lo nacional de lo regional. Así mismo, se deberían de establecer los mecanismos legales, a través de los reglamentos del Congreso y Senado, y de los tribunales en su caso, por si hubiera algún conflicto competencial entre las dos cámaras.

Respecto al establecimiento del límite numérico de Comunidades Autónomas para diferenciar entre vocación nacional y regional de los partidos, ¿por qué fijo al menos *seis* Comunidades y no otro número? Principalmente para cubrirse de todas las hipótesis posibles. El nacionalismo vasco tiene su área de influencia en su Comunidad Autónoma y en la Comunidad Foral de Navarra, y el nacionalismo catalán lo propio en las Comunidades de Valencia y Mallorca. Con esta norma se evitan hipotéticos riesgos en el largo plazo de que los nacionalistas tergiversaran la ley para infiltrarse en el Congreso mediante la expansión de su ideario a las Comunidades de su influencia o a través de coaliciones. Como hemos argumentado ya, ellos *necesitan* su presencia en el Congreso, no para debatir asuntos de interés nacional, sino como instrumento de chantaje para seguir construyendo su Estado propio.

Debe de quedar muy claro que en ningún caso esta reforma supondría un perjuicio a ningún partido con buenas intenciones para con el proceso de gobierno en términos de su nivel de representación real. En otras palabras, en ningún caso dicha reforma significaría una vulneración constitucional, sino precisamente todo lo contrario por muy paradójico que pueda parecer esta afirmación. Si bien en el artículo 66.1 se dice que *"las Cortes Generales representan al pueblo español y están formadas por el Congreso de los Diputados y el Senado"*, en el artículo 69.1 se estipula expresamente que *"el Senado es la Cámara de representación territorial"*. Dicho de otro modo, según la Constitución, el Congreso debe de ser exclusivamente una cámara nacional donde no cabe representación autonómica, ya que para eso está previsto el Senado.

Hasta ahora, el Senado no ha tenido ninguna función efectiva en el funcionamiento del Estado y ni mucho menos relacionada con asuntos territoriales pese que así lo marca la Constitución. Con esta medida se garantizaría que los partidos regionalistas (no todos son nacionalistas ni independentistas) puedan discutir sobre los asuntos que les competa elevándolo a un nivel de discusión nacional con el resto de las comunidades Autónomas y frente al Gobierno central. Visto de otro modo, sería una forma de dotar de una verdadera importancia la cuestión territorial en España que hasta ahora se intentaba llevar a cabo a través de la recientemente creada Conferencia de Presidentes Autonómicos, actualmente siendo ésta un desastre a la que casi ninguna Comunidad Autónoma hace caso. Paradójicamente, quienes más beligerantes son con la cuestión territorial son aquellos que más veces han rehusado acudir a dicho Foro, como son los presidentes de las Comunidades de País Vasco y Cataluña, mejor prueba de que a los nacionalistas no les interesa un diálogo real con el resto de España, ni pretenden llegar a ningún encaje sincero. Por tanto, con esta reforma del

Senado, se estaría dando un verdadero protagonismo a las Comunidades Autónomas, incluidas aquellas que quieren apartarse del diálogo por motivos egoístas, y se estaría reforzando el papel del actual Foro de representación territorial. Con esta reforma, por tanto, no se estaría perjudicando en modo alguno a los partidos regionales como CiU, ERC, PNV, Coalición Canaria o BNG, los cuales se les estaría situando en el Foro que les corresponde. Al mismo tiempo, el Congreso se convertiría en una verdadera Cámara de representación nacional conforme establece la Constitución en sus artículos 66 en adelante, puesto que se estaría garantizando que todos los partidos que la compondrían, como PP, PSOE, IU-Podemos o Ciudadanos, tuvieran una visión exclusivamente nacional.

De tal forma, con esta reforma de la Ley Electoral no sólo conseguiríamos una verdadera representación nacional en el Congreso, sino que la toma de decisiones en el proceso de gobierno no esté sometida al chantaje de los partidos nacionalistas como ha ocurrido en la gran mayoría de las legislaturas, cuando tanto Partido Popular o Partido Socialista tuvieron que pactar con CiU, PNV o ERC para gobernar o sacar adelante leyes que afectan a todo el país. Una vez hayamos establecido este adecuado sistema de incentivos político, podremos empezar a poner orden en España a nivel político y a un medio plazo, también económico.

Cuarto: La reconstrucción de la Nación

Con posterioridad a esta reforma, debe de haber una mayor presencia de los partidos nacionales y constitucionalistas en todas las regiones especialmente en las regiones vasca y catalana. Sin miedo a recibir ningún tipo de chantajes por parte de los partidos nacionalistas en el Congreso como pasaba hasta ahora, al haber sido modificado el *sistema político de incentivos*, Partido Popular y Partido Socialista deberán de hablar con contundencia y libertad de la Nación española y hacer mucha pedagogía en la población. *Hay que recuperar los símbolos y la presencia de la Nación desde el uso de los datos históricos y económicos reales*. Esto no es hacer política, sino educar a los ciudadanos en la verdad de su Historia. Así mismo, sería una iniciativa interesante el reimplantar el servicio militar *voluntario* en el conjunto del país, para jóvenes entre los 18 y los 23 años para que puedan tener una experiencia de entre 6 meses o un año en alguna dependencia del ejército a lo ancho del territorio nacional. Dicha alternativa creo que sería muy positiva en términos de dar a conocer mejor los símbolos y la historia del país además de compartir vivencias con personas de otros lugares de España para destruir prejuicios.

Quinto: La protección de la pluralidad y diversidad

En paralelo, ahora más que nunca los poderes públicos deben de salvaguardar las señas de identidad propias de cada región, en términos de su lengua como de sus celebraciones o manifestaciones particulares, como un activo más de la Nación. La Nación española siempre ha sido un espacio de libertades donde ha habido diversas culturas, formas de pensar y de sentir. Es precisamente esta característica lo que la diferencia de las naciones vasca y catalana donde sólo se permite un único pensamiento y sentimiento. En este sentido el Estado deberá de garantizar la máxima competencia a las regiones en términos de protección y desarrollo de su cultura y colaborar activamente en esta actividad. En el siguiente apartado mencionaremos las nuevas competencias que adquirirá el Senado para estos fines.

Sexto: La recentralización de las competencias al Estado, nueva reforma del Senado y empoderamiento de las ciudades

Como último paso de este plan, nos deberemos de situar en el largo plazo. Todo el esfuerzo que se habrá hecho hasta este momento habrá sido muy arduo y lleno de concesiones entre los grandes partidos constitucionalistas. El enorme sacrificio que habrán realizado especialmente en reeducar a aquellas regiones controladas por las élites nacionalistas habrá sido ímprobo. No solamente en estas regiones, ya que como hemos repetido hasta la saciedad ha sido un conjunto muy amplio de la población española la que ha estado sometida a esta manipulación ideológica de los nacionalistas. No obstante, desde el momento en el que empiecen a verse los resultados positivos a nivel de funcionamiento del *sistema político de incentivos*, debería de empezar a plantearse el debate sobre el sentido que tiene seguir manteniendo unas estructuras similares a microestados a lo largo del territorio nacional, que no hacen más que aumentar el gasto y la deuda en perjuicio del ciudadano y empresas. No puedo estar más convencido que cuando se comience ese debate en ese determinado momento histórico, la sociedad estará preparada para dar el paso firme de revertir la gestión del Estado exclusivamente al Gobierno central. España deberá de acabar con el sistema Autonómico, reformando el Título VIII de la Constitución que trata sobre la organización territorial del Estado, para implementar una organización administrativa simplificada y centralizada, favoreciendo la igualdad y la libertad del ciudadano y de las empresas a la hora de realizar sus actividades en el conjunto del territorio nacional sin distinción ni privilegios por regiones. Obviamente habría que eliminar en algún momento la referencia en el artículo 2 del término "nacionalidades".

Este proceso soy consciente que puede durar unos 20 años, o sea que no sería inmediato. No obstante, lo importante es saber cuál es el camino para seguir y empezar a recorrerlo sin importar si son 20 años o algo más. Dado que no será igual de fácil el revertir las competencias en todas las CCAA ya que unas tendrán muchas más que otras, tiene sentido establecer una *recentralización a dos velocidades*, en el sentido de que Cataluña o País Vasco probablemente sean de las Comunidades donde más se tarde en recuperar dichas competencias dado el volumen alto de competencias transferidas y la cultura "autonómica" fuerte presente frente a otras regiones.

Por otro lado, llegaría un punto en el que dejando de existir Comunidades Autónomas el Senado dejaría de tener sentido como Cámara de representación territorial al no existir Comunidades Autonómicas. No obstante, esto no quiere decir que hubiera que eliminar el Senado por completo, ya que podría reinventarse su función para que continúe siendo útil. Propongo que en este punto lo mejor sería reducir su tamaño y convertirlo en una Cámara simbólica de representación de las distintas culturas de España, y que en sustitución de las estructuras cuasi estatales que había en las Comunidades, se instauren Organismos culturales en cada región los cuales tendrían las máximas competencias a nivel cultural frente al Estado central. A su vez, dichos Organismos culturales tendrían cada uno de ellos representación en el Senado para tener presencia a nivel nacional en los asuntos de su competencia.

Asimismo, abogaría por que el Estado central realizara una transferencia importante de competencias fiscales a los municipios, según su tamaño. Considero que cada vez más las ciudades gozan de mayor protagonismo en el día a día de los ciudadanos, representando focos crecientes a nivel económico, político y cultural, y con cada vez mayor protagonismo a nivel regional a los alrededores de sus límites geográficos. Así mismo las ciudades juegan un papel creciente de representatividad y atracción de inversiones extranjeras o de eventos internacionales de prestigio. La gestión de las ciudades, cada vez más compleja, requiere dotarles de más poder de decisión y de más herramientas para hacer frente a los retos del nuevo siglo. Por eso mismo considero que de la misma forma que creo eficiente que el Estado central se encargue de gestionar el conjunto del país, también considero eficiente que éste comparta dicha responsabilidad con los municipios a mayor responsabilidad en función de sus tamaños y capacidades. Las ciudades "Smart" o sostenibles son el futuro y hay que actuar en consecuencia. Esta iniciativa además creo que sería muy beneficiosa para luchar contra la despoblación en el interior de España, principalmente en referencia a las capitales de provincia, ya que al dotarlas de más recursos éstas tendrán mayores capacidades para hacerse atractivas para el ciudadano fomentando un mayor equilibrio poblacional en el conjunto del país y aumentando la competitividad entre ciudades.

TABLA EXPLICATIVA DEL NUEVO REPARTO DE ESCAÑOS EN EL CONGRESO

Provincia (antigua circunscripción)	Antiguos Escaños	CCAA (nueva circunscripción)	Nuevos Escaños
La Coruña	8		
Pontevedra	7	Galicia	23
Ourense	4		
Lugo	4		
Asturias	8	Asturias	8
Cantabria	5	Cantabria	5
León	4		
Zamora	3		
Salamanca	4		
Palencia	3		
Valladolid	5	Castilla y León	31
Ávila	3		
Segovia	3		
Burgos	4		
Soria	2		
Vizcaya	8		
Álava	4	País Vasco	18
Guipúzcoa	6		
La Rioja	4	La Rioja	4
Navarra	5	Navarra	5
Zaragoza	7		
Teruel	3	Aragón	13
Huesca	3		
Lleida	4	Cataluña	47

Provincia		Comunidad Autónoma	
Barcelona	31		
Tarragona	6		
Girona	6		
Castellón	5		
Valencia	16	Comunidad Valenciana	33
Alicante	12		
Baleares	8	Baleares	8
Albacete	4		
Cuenca	3		
Toledo	6	Castilla la Mancha	21
Guadalajara	3		
Ciudad Real	5		
Madrid	36	Madrid	36
Cáceres	4	Extremadura	10
Badajoz	6		
Huelva	5		
Sevilla	12		
Cádiz	9		
Córdoba	6	Andalucía	61
Málaga	11		
Jaén	5		
Granada	7		
Almería	6		
Murcia	10	Murcia	10
Santa Cruz de Tenerife	7	Canarias	15
Las Palmas	8		
Ceuta	1	Ceuta	1
Melilla	1	Melilla	1
	350		350

TABLA EXPLICATIVA DEL NUEVO REPARTO DE ESCAÑOS EN EL SENADO

CCAA	Escaños en Congreso	Proporción	Escaños en Senado
Galicia	23	6,6%	17
Asturias	8	2,3%	6
Cantabria	4	1,4%	4
Castilla y León	31	8,9%	24

País Vasco	18	5,1%	14
La Rioja	4	1,1%	3
Navarra	5	1,4%	4
Aragón	13	3,7%	10
Cataluña	47	13,4%	36
Comunidad Valenciana	33	9,4%	25
Baleares	8	2,3%	6
Castilla la Mancha	21	5,1%	14

Madrid	36	10,3%	27
Extremadura	10	2,9%	8
Andalucía	61	17,4%	46
Murcia	10	2,9%	8
Canarias	15	4,3%	11
Ceuta	1	0,3%	1
Melilla	1	0,3%	1
	350		265

Inciso I: ¿Podemos estar seguros de que el pacto de Estado entre los partidos constitucionalistas será una realidad?

En este subcapítulo de preguntas y respuestas respecto al Plan recién explicado, vuelvo a enfatizar que resulta fundamental el alineamiento de los grandes partidos nacionales, que deberán de considerar este asunto de Estado y, por tanto, no susceptible de discusión política. A pesar de tener esto tan claro, podrán pensar los lectores, ¿cuántas veces hemos acabado decepcionados con estos dos partidos – PP y PSOE- a la hora de ponerse de acuerdo? Desde luego éste sería un comentario válido. No obstante, ¿por qué creo que acabarán poniéndose de acuerdo? Por pura lógica, ya que, de lo contrario, no tendrían margen de maniobra para que la sociedad no les dé la espalda definitivamente. Imaginándonos por un momento ese proceso de acercamiento entre los partidos, trataremos de definir la idea de "diálogo" -esa palabra tan manoseada que casi carece de significado hoy día-. Existen dos tipos de diálogo en política: el impostado (retórica) y el sincero (dialéctica). Ni que decir tiene que el primero es falso y el segundo es el único verdadero. Partimos de la base de que no puede haber diálogo si no existen como prerrequisito unos principios comunes entre los interlocutores. *Si, por ejemplo, los interlocutores son, por un lado, un partido que cree en la Nación española y en su unidad, y en frente tenemos otro, que cree en la nación catalana y en su independencia, entonces no puede existir diálogo posible.* Sencillamente desde el punto de vista político no es posible. Conviene dejar esto muy claro porque parece que hay gente aun en España que no se ha dado cuenta. Precisamente por eso, la única forma de que venza la verdad y la democracia pasa necesariamente por la unión incondicional entre aquellos partidos que comparten aquellos principios básicos como son la unidad de la Nación. Podemos estar de acuerdo que en otra época y sin esta amenaza la situación sería diferente y por tanto no se podría contemplar que un partido de derechas y otro de izquierdas llegaran a asociarse tan estrechamente, pero ahora es diferente. ¿Y cómo son capaces de ver que ahora es diferente? Bueno, para eso está la visión de Estado y la altura de miras de sus líderes, para saber interpretar la necesidad de los tiempos y actuar con responsabilidad. Este pacto entre derecha e izquierda la sociedad lo entendería perfectamente, y de los que dudasen, precisamente necesitarían el ejemplo de los líderes políticos nacionales para darse cuenta de cuál es el único camino sensato y posible. ¿Y a pesar de eso, aun sentándose a hablar PP y PSOE, cómo garantizas que vayan a llegar a un acuerdo de Estado? En la política vemos mucho diálogo impostado, mucho teatro, incluso entre aquellos que comparten los mismos principios. Es importante que cuando toca hablar de aquellos aspectos que son cruciales para el interés general de la Nación ese diálogo sea siempre sincero. Cuando esto es así, siempre surgirán soluciones y pactos que sean buenos para el conjunto de la Nación. De lo contrario, si no se llegara a ningún pacto o acuerdo, no cabría ninguna duda de que habría sido por puro y simple tacticismo por alguno o todos los interlocutores. En ese caso tan lamentable y sonoro no le quedará ninguna otra opción a cada uno de tener que justificarse concienzudamente de por qué fue su partido el culpable de no llegar a un acuerdo. Sinceramente, si esto pasara sería nefasto para la Nación y no me imagino a ningún partido queriéndose ver en el centro del foco como sospechoso de haber sido el responsable de un desastre de tal magnitud. Está claro que siempre puede ocurrir que haya líderes en un momento determinado de la historia que carezcan del más mínimo sentido de Estado y responsabilidad. En dichos casos estoy de acuerdo que el reto de llegar a acuerdos se torna prácticamente imposible. Recientemente aquí en España hemos tenido el ejemplo de "embudo político" con el ex Secretario General del Partido Socialista y candidato a la Presidencia, Pedro Sánchez.

Desde las Elecciones generales de 2000 la suma de los principales partidos constitucionalistas, es decir, PP, PSOE y Ciudadanos (como partido reciente) nunca ha estado por debajo de 254 escaños (sin contar las fracasadas de diciembre 2015 que fueron 253). Precisamente esa suma de 254 escaños fue en estas últimas elecciones de junio 2016. Con esta suma, que representa el 72% de la Cámara, es una fuerte mayoría para abordar este tipo de reforma que se propone. La suma más alta desde 2004 la encontramos en las Elecciones generales de 2008 donde PP y PSOE representaban el 92% de la Cámara. *Por tanto, en los últimos tres lustros el PP y el PSOE han representado a una media del 80% de la población.* Lo que quiero decir con estos datos es que el cambio *es* posible, no es una utopía.

Inciso II: ¿Y si hubiera represalias de los nacionalistas al plan?

Cuando se llegara a un punto muy avanzado del Plan, puede haber algún lector que esté preguntándose si no habría ya una reacción por parte de los partidos nacionalistas en contra de todo esto. Por supuesto, los nacionalistas no son nada tontos y muy probablemente esta jugada la hayan visto desde prácticamente el comienzo. De esto estoy casi seguro ya que de la famosa frase "quien hace la ley hace trampa", ellos en este caso han sido "ley" y "trampa" al mismo tiempo. Se han estado aprovechando del sistema para acabar con él, y tenga por seguro el lector que no han estado actuando arbitrariamente, sabían perfectamente lo que hacían. Por tanto, es de esperar represalias y quejas. Casi con toda seguridad utilizarán los instrumentos legales del sistema que ellos mismos han estado bombardeando durante décadas: el Tribunal Constitucional, el reglamento del Congreso o la propia Constitución. La vida puede convertirse así de irónica. Tampoco sería descartable que comenzaran con grandes movilizaciones sociales en las calles y grandes manifestaciones a favor de la "democracia" y tachando a los constitucionalistas de haber dado un golpe de Estado. Por supuesto eso pregonarán casi con total seguridad durante las 24 horas del día en TV3 y EITB (las televisiones públicas catalana y vasca respectivamente). Desde luego mentiría si dijera que no viviríamos tiempos un tanto revueltos y tensos en España a causa de todo este alboroto.

Ahora bien, después de haber descrito todo este *vía crucis* muchos estarán pensando que para qué meterse en tantos follones. Que bastante tenemos en España como para estar creando más problemas de forma gratuita. Ya me estoy imaginando a más de un lector: ¡Con lo pesados que han sido toda esta gente como para encima que ahora que los tenemos más o menos tranquilitos ir nosotros y a tocarles las narices!

Conclusión, que muchos preferirán aquello de: ¡Déjalo estar hombre, que ya si acaso lo hacemos más adelante si la cosa va a peor! Pues querido lector, ante esta hipotética conversación que acabo de recrear le contestaría diciendo: *Craso error*. Le ruego que eche para atrás al párrafo anterior y vuelva a leerlo detenidamente. Ninguna de las cosas que he mencionado en el párrafo anterior no las están haciendo ya los nacionalistas y en este caso, sin ni siquiera haberles molestado. ¿Acaso no están ya desafiando constantemente a la ley, convocando manifestaciones en las calles, sembrando el odio a España en las televisiones y en los colegios o diciendo que el Estado español les oprime? Por lo tanto, si la respuesta es afirmativa, le vuelvo a preguntar al querido lector, entre hacer algo y no hacer nada por parte de los constitucionalistas a efectos de la reacción que pueda haber por los nacionalistas, ¿qué diferencia hay? Claramente ninguna. Por tanto, sería un gravísimo error el continuar mirando para otro lado y no actuar cuanto antes, ya que cuanto más tarde se actúe, más difícil será revertir la situación. No lo olvide nunca el lector que el nacionalista es victimista por naturaleza, pase lo que pase siempre va a quejarse, porque siempre quiere más. La batalla, por tanto, y esto es importante que los constitucionalistas no lo olviden, la ganará aquél que tenga las convicciones más sólidas.

Hago aquí una pausa a este respecto para hacer un apunte importante, y que es una crítica a la forma en la que se ha estado gestando por parte de los poderes públicos nacionales el imaginario colectivo de nuestra Nación a partir de finales del S. XIX (desde el desastre del 98), precisamente, coincidiendo no casualmente con el comienzo del nacionalismo periférico. El nacionalismo en términos generales es como ya hemos visto una corriente de tipo política, sustentada por esta corriente cultural llamada romanticismo. Es una realidad que ese nacionalismo no sólo surgió en la periferia, sino también surgiría en el resto de España como exaltación de la Nación española, pero de una manera inapropiada y falsa. A mi entender, estos dos fenómenos nacionalistas tienen un elemento diferenciador, y otro en común. El diferenciador, es que el nacionalismo español está basado en hechos históricos reales, y busca exaltar una Nación que ya existe, aunque sea exagerando algunos hechos históricos (mitos). Por la contra, el nacionalismo periférico, se basa como ya hemos explicado en falsedades, para justificar así a posteriori la idea de una nación falsa. Respecto al elemento que tienen ambos en común, y he aquí mi crítica a los gobernantes y élites culturales españolas, es que tanto un nacionalismo como el otro han sido excluyentes, en el sentido de que el País Vasco o Cataluña negaban al resto de España, y por otro lado, España empezó a considerar en su imaginario de Nación sólo la imagen de Castilla, ignorando su riqueza y diversidad proveniente de otras regiones igual de españolas. Ya lo avisó Miguel de Unamuno en su obra *"En torno al casticismo"*. Merece mucho la pena rescatar algunas citas de este intelectual del principio del siglo XX para entender lo que estaba sucediendo en aquella época en España: *"Se usa lo más a menudo el calificativo de castizo para designar a la lengua y al estilo. Decir en España que un escritor es castizo, es dar a entender que se le cree más español que a otros"*. No solamente Unamuno destaca la "castellanización" de España, sino advierte que el necesario proceso de "españolización" de Castilla –España- aún está en marcha: *"la labor de españolización de España no está concluida, ni mucho menos, ni concluirá, creemos, si no se acaba con casticismos engañosos, en la lengua y en el pensamiento que en ella se manifiesta, en la cultura misma"*. Por último, Unamuno concluye que el éxito del resurgimiento de la Nación española pasa por la recuperación de todos sus matices y diversidad: *"Mas cuando España renació a nueva vida en el año 1808 fue por despertar difuso, sin excitación central"*.

Como dijo acertadamente el historiador Sánchez-Albornoz: *"Castilla hizo a España y España deshizo a Castilla".* Por tanto, para evitar de nuevo el grave error de enfocar la Nación únicamente como Castilla, es muy importante que las autoridades españolas y las élites culturales se den cuenta de ello y empiecen a reconstruir ese imaginario de Nación desde la diversidad y la riqueza de sus distintas regiones incluidas por supuesto Cataluña y País Vasco.

Inciso IV: ¿Si elimináramos el Foro territorial afectaría al ciudadano de las regiones más despobladas?

Obviamente, con la recentralización administrativa la cámara del Senado dejaría de tener sentido al menos desde un punto de vista de gestión territorial y nos estaríamos acercando un poco más a la idea que todos queremos: la de tener un Estado moderno, eficiente y sostenible, que suponga una carga lo más ligera posible para el ciudadano, y sin perder por ello calidad en los servicios públicos. En otras palabras, conseguir que seamos todos un poco más libres. Así mismo, dejaría de tener sentido la circunscripción autonómica a efectos de la ley electoral, por lo que en este punto establecería de nuevo una *circunscripción por provincias*. La razón por la que no proponemos circunscripción única en este estadio es porque damos más importancia al principio de representatividad (que pasaremos a explicar) frente al de simplicidad.

Comprendo que muchos puedan argumentar, con razón, que eliminar la cámara de representación territorial (el Senado) no beneficiaría a muchas provincias despobladas por el territorio español, que dada su escasa representatividad en términos de población y por tanto trasladado a escaños en el Congreso, acabarían subdesarrolladas frente a otras provincias que estuvieran más pobladas. Para evitar situaciones de desamparo de ciertas provincias frente a otras, *deberá de establecerse un sistema de elección de listas abiertas*, cuyos representantes políticos en el Congreso de los Diputados lo sean realmente de las provincias a las que oficialmente representan. Si tuviéramos listas abiertas, los políticos deberían de "pelear" por el bienestar de los ciudadanos de su provincia para que éstos sintieran que se está trabajando por su región en particular. Como se sabe, hasta ahora las listas son cerradas, por lo que resulta una mera formalidad el que un político ocupe un escaño en el Congreso en representación de una u otra región. Con listas abiertas se podrá convertir lo que ahora es una mera formalidad en una verdadera relación de compromiso entre el político y el ciudadano. Así, y no inventándose Comunidades autonómicas con sus correspondientes estructuras de gasto descomunales, es como se garantiza realmente que el ciudadano sea bien atendido.

Inciso V: ¿Qué haríamos con una posible resistencia de las CCAA?

También creo que este punto es muy importante comentarlo para evitar malentendidos o malas interpretaciones. Esta recentralización administrativa afectará por supuesto a un gran número de instituciones públicas autonómicas y de personas que trabajen para ellas en el conjunto del territorio nacional. Personas incluso muy válidas y que han dedicado gran parte de su vida al servicio de su región. No es cuestión trivial el tener en consideración a estas personas que no tienen culpa de los errores del pasado. Por ponerle cara a modo de ejemplo, tenemos a los actuales presidentes de la Comunidad Autónoma de Galicia, Alberto Núñez Feijoo, y a la presidenta de la Comunidad Autónoma de Andalucía, Susana Díaz. Ambos presidentes son personas muy queridas en su Comunidad y en su partido. Me atrevería a decir que incluso queridas y respetadas por el conjunto del país tanto por parte de la derecha como de la izquierda moderadas. Por lo tanto, claro que hay gente muy válida en estas instituciones autonómicas que están poniendo todo su talento, pasión y compromiso en hacer de su región una más moderna y avanzada. *Por tanto, no podemos mezclar la idea de que hay que suprimir las Comunidades Autónomas, por un lado, con el hecho de que haya personas muy válidas trabajando en las mismas por y para su pueblo.* Ambas afirmaciones son perfectamente compatibles e incluso que se esté cumpliendo hoy en día la segunda sería lo deseable. Tanto Alberto Núñez Feijoo como Susana Díaz han demostrado ser el ejemplo de personas de Estado que velan por los intereses de sus ciudadanos, a pesar de estar en las antípodas ideológicas uno respecto del otro. No obstante, estoy convencido que hasta ellos mismos podrían entender que en España no podemos por más tiempo mantener dos sistemas de administración pública: el Central y el Autonómico. Es sencillamente inviable. Tenemos que elegir, o bien, por quedarnos exclusivamente con el sistema Autonómico y convertir por tanto a España en un Estado Federal, o decantarnos por un sistema centralista donde desaparezcan las Comunidades Autónomas. Si hemos prestado la suficiente atención a lo largo de todas estas páginas del libro, deduciremos que si queremos construir una Europa fuerte y unida la respuesta a la anterior pregunta pasa por la de optar por un sistema Centralista. No puede construirse de forma convincente una Europa unida si en España pretendemos "federalizarnos". Ahora bien, al comienzo del sexto punto del plan dejé bien claro que esta recentralización debería de hacerse a un largo plazo. Obviamente, no podemos decir a los "Feijoos" ni a las "Susanas" que frenen en seco su proyecto de construcción de su región, para los cuales les han votado sus ciudadanos. Por tanto, es de entender que este proceso de recentralización tenga que llevarse a cabo en un horizonte razonable de unos 20 años aproximadamente. No importa si son unos años más o menos, lo importante es darse cuenta de cuál es el camino correcto y empezar a andarlo.

CONCLUSIONES

« ¡Mi venganza es fraternidad! ¡No más de fronteras! ¡El Rin para todos! ¡Seamos la misma república, seamos los Estados Unidos de Europa, seamos la federación continental, seamos libertad europea, seamos paz universal! »

Víctor Hugo

Espero y confío que sepamos y queramos alcanzar pronto una solución para que este problema tan grave como es el nacionalismo termine. Un problema, que ha estado basado en la mentira, y que ha provocado la asunción de un sistema político- administrativo ineficiente y un grave riesgo para la unidad territorial y social de nuestro país. Espero también que estas recomendaciones puedan realmente ser útiles para la causa que se pretende, y que tanto si son éstas como otras, permitan que España vuelva a ser un país fuerte, no sólo para mayor bienestar y libertad de sus ciudadanos, sino también para seguir contribuyendo a construir una Europa más unida, y, por lo tanto, más próspera para todos.

Paradójicamente, a pesar de tantos retos como los que tenemos en frente en nuestro país y en Europa, con los populismos acechando por todas partes, el *Brexit* y otros movimientos independentistas, puede que la

Historia nos esté poniendo delante de una gran oportunidad para volver a ser un país determinante para liderar este proceso de trasformación hacia una Europa más libre. Aprovechémoslo.

Doce puntos que resumen la presente obra

Primero

La mayor amenaza para la Nación española desde hace décadas es el nacionalismo periférico. Debido al nacionalismo, tenemos un sistema Autonómico que está provocando dos graves situaciones: una elevada deuda pública como consecuencia de un sistema administrativo ineficiente y una crisis identitaria que está poniendo en peligro nuestra cohesión territorial. En definitiva, la Nación española está diluyéndose pasando a ser meramente el "Estado español".

Segundo

El nacionalismo periférico existe en las regiones del País Vasco y Cataluña. Ambos basan su razón de ser en la invención de símbolos y en la tergiversación de la historia. Por tanto, en esencia el nacionalismo es antidemocrático ya que la manipulación de la realidad jamás puede estar en consonancia con los principios verdaderamente democráticos. Siguiendo su tesis, los nacionalistas han procurado influenciar a la opinión pública convenciéndola de que la existencia de una nación significa necesariamente una única forma de sentir y una única forma de ser, cuando esta afirmación es falsa. En ese sentido, el nacionalismo es en esencia totalitario. El pensar que un determinado sentimiento implica la existencia de una nación es la gran falacia de nuestro tiempo político y una trampa que bajo el disfraz de la democracia se esconde el totalitarismo. Frente al totalitarismo, la Nación española es la única verdadera por su origen histórico y representa un espacio de libertades donde los individuos pueden pensar y sentir como ellos quieran.

Tercero

Así mismo, el nacionalismo es necesariamente antieuropeo. La esencia del proyecto europeo es la de derribar fronteras y sustituir las estructuras de los Estados hacia otras supranacionales. Carece de toda lógica que el nacionalismo esté reclamando competencias al Estado español con el propósito luego de devolverlas a la Unión Europea. Por tanto, el nacionalismo es un escollo al papel de España en su contribución al proceso de construcción europeo.

El nacionalismo basa su argumentación para justificar su existencia en el factor cultural diferencial de su región en contraposición al resto de las regiones de España. El proceso de razonamiento de estos nacionalismos es el siguiente:

Factor cultural diferencial -> Nación propia -> Estado propio

Por tanto, las supuestas naciones vasca y catalana son naciones de diseño ideadas por las élites locales para justificar un Estado propio. La mera existencia de un sentimiento particular nunca puede justificar la existencia de una determinada nación ni mucho menos la de un Estado. La cultura nunca puede ser utilizada como instrumento para determinar el sistema político-administrativo de un Estado.

Quinto

La verdadera justificación detrás del nacionalismo es el acaparamiento de mayor poder y control sobre la región por sus élites locales. No es casualidad que las regiones vasca y catalana ya en los orígenes del nacionalismo fueran las más ricas e industrializadas de

España. Por tanto, podría decirse que el nacionalismo es un gran negocio inventado por las élites locales en su propio beneficio.

Sexto

La mayor dificultad ante la amenaza nacionalista es la dominación ideológica que éstos han conseguido no solamente sobre la población de su propia región sino también sobre una facción importante del resto de la sociedad española. Una facción de la sociedad se ha llegado a creer el relato nacionalista hasta el punto de que, aun no apoyando la secesión, sí que apoyan el referéndum al considerarlo un acto democrático. Dada la forma de ser de un amplio sector de la izquierda moderada que siempre ha sido muy sensible con la defensa de las minorías, los nacionalistas también se han aprovechado para sembrar cizaña y confusión entre éstos con la derecha moderada española.

Séptimo

El sistema político en España está configurado de manera perversa al introducir en el parlamento nacional partidos políticos que son contrarios a la idea de la propia Nación española y que sólo representan una única región, careciendo por tanto de ningún tipo de visión nacional. Tal y como está planteado el sistema, los partidos nacionales son rehenes de los partidos nacionalistas en el proceso de gestión de gobierno, por lo que, a la larga esta situación, salvo que se busque remedio, no hará más que empeorar.

Octavo

La única solución factible ante la amenaza nacionalista es la de que todos los partidos constitucionalistas, principalmente PP y PSOE, pacten la reforma de la ley Electoral como eje principal del *sistema político de incentivos* que existe en nuestro país, y a largo plazo, el Título VIII de nuestra Constitución el cual rige la organización territorial de España. Dicho asunto deberá de ser considerado como pacto de Estado no susceptible por tanto de discusión política.

Noveno

La reforma de la Ley Electoral deberá de prever que en el Congreso sólo pueda haber partidos políticos con presencia nacional, que por lo tanto tengan una visión nacional de los problemas de España. Dicha reforma se sustentará actualizando las circunscripciones de provinciales a autonómicas, e introduciendo el principio de *"necesidad de aspiración de representación supra autonómica"*. Este principio está alineado con los principios constitucionales, concretamente los artículos 66 en adelante. Así mismo, esta reforma evitará de una vez por todas el chantaje constante al que se han visto sometidos los partidos nacionales durante las pasadas legislaturas.

Décimo

Paralelamente, el Senado deberá de convertirse en una verdadera Cámara Autonómica -conforme se expresa en nuestra Constitución en el artículo 69-, donde las Comunidades Autónomas puedan discutir entre ellas y frente al Gobierno central los asuntos de índole estrictamente territorial. De esta manera, se garantizará un debate efectivo a nivel nacional de los asuntos territoriales. Con este cambio se consiguen dos objetivos: en primer lugar, dotar al Senado de una verdadera función (hasta ahora no tenía ninguna); y en segundo lugar, crear un verdadero Foro donde se discutan de manera efectiva los asuntos territoriales. Hasta ahora esta función era llevada a cabo por la Conferencia interterritorial de presidentes autonómicos y la misma apenas era considerada por sus propios integrantes.

Undécimo

En un plazo de unos 20 años, una vez acometidas las reformas descritas y cambiada la mentalidad de los españoles respecto a la utilidad del sistema Autonómico, volver a centralizar las competencias en el Estado para así reducir la deuda pública y en consecuencia permita reducir los impuestos a las familias y empresas sin disminuir por ello la calidad de los servicios públicos. Con estas medidas nos estaremos aproximando a conseguir un Estado verdaderamente moderno donde prime la eficiencia y donde haya verdadera igualdad y solidaridad entre las regiones.

Duodécimo

Finalmente, una vez recuperadas las competencias se deberá de modificar la función del Senado, ya que a priori no será necesario su rol como Foro de discusión territorial al haber re-centralizado las competencias. Podría reconvertirse en el máximo Foro de representación de las distintas culturas de España. A partir de este momento, en el Congreso se deberá de introducir la *circunscripción por provincias* y *listas abiertas* para que de esa manera garantizar que los Diputados que estén representando una determinada circunscripción lo hagan de manera efectiva y no meramente formal como hasta ahora ocurre con las listas cerradas. También el Estado central debería de realizar en este punto una serie de transferencias de competencias fiscales importantes a los municipios, siendo éstos un foco creciente a nivel económico, político y cultural que necesitan de más recursos para ser más útiles al ciudadano.

Simulación de un resultado alternativo de las Elecciones Generales de noviembre 2019 basado en una propuesta de Ley Electoral más sencilla (Ed. 2022)

En la primera versión del libro escrita en 2017 presentamos, el apartado Tercero de la Sección IV, una propuesta de modificación de la Ley Electoral. Dicha propuesta he de admitir resulta un tanto compleja por cuanto en el momento en el que la plantee partía de la idea de que su modificación, en la dirección en la que se pretendía, no estaría falta de resistencia. Es por ello que quise ser exquisito en el planteamiento y no saltarme ningún paso, que por muy pequeño que fuera, pudiera dar pie a invalidar la propuesta desde una perspectiva teórica. El resultado con el paso del tiempo y el *feedback* recibido es que la propuesta es demasiado complicada de entender, a pesar de que el espíritu es totalmente acertado a los ojos de los que ven que en España la Ley Electoral no funciona.

Es por ello que me he lanzado a introducir esta nueva sección como segunda edición del libro con fecha noviembre 2022. He querido utilizar el resultado de las últimas Elecciones Generales de noviembre de 2019 y hacer una simulación de cómo hubiera quedado el Congreso de los Diputados con una nueva Ley Electoral modificada bajo el espíritu de este libro.

La propuesta de modificación que planteo en esta ocasión es mucho más sencilla y creo que será mucho más fácil de entender (y de aplicar). Lo interesante para el lector será comprobar, con esta hipótesis, cómo hubiera quedado el Congreso y cuyo gráfico podrán visualizar en la siguiente página. Tal propuesta consistiría en modificar el **art 163 de la Ley Orgánica del Régimen Electoral General**:

- 1 persona, 1 voto
- Circunscripción provincial a efectos determinación qué partidos serían aptos para ingresar en el Congreso. Dos condiciones para acceder al Congreso:
  - Ser votado en al menos dos tercios de las provincias de España
  - En dichas provincias, recibir un mínimo del 3% de los votos (este requisito ya existe)

Como puede comprobar el lector, la propuesta es extremadamente sencilla, y busca el objetivo básico de garantizar que solamente puedan acceder al Congreso de los Diputados (el parlamento nacional donde se discuten asuntos de ámbito nacional) aquellos partidos con un mínimo de implementación nacional. Ese "mínimo" de implementación nacional es el que se ha considerado como al menos estar presente y recibir votos en dos tercios de las provincias con un suelo mínimo del 3%.

Con esta medida, garantizamos una presencia únicamente de partidos nacionales para que en consecuencia se pueda discutir sobre asuntos de ámbito nacional, garantizando en todo caso la diversidad ideológica puesto que seguirá habiendo partidos de todos los espectros. Respecto a los partidos de ámbito y naturaleza regional, me remito a lo explicado en el apartado Tercero de la Sección IV sobre el nuevo papel reforzado del Senado.

En la siguiente página podréis observar el resultado de las Elecciones Generales de noviembre de 2019 y compararlo con el resultado de la simulación :

Simulación con la Nueva Ley Electoral
Elecciones Generales Noviembre 2019

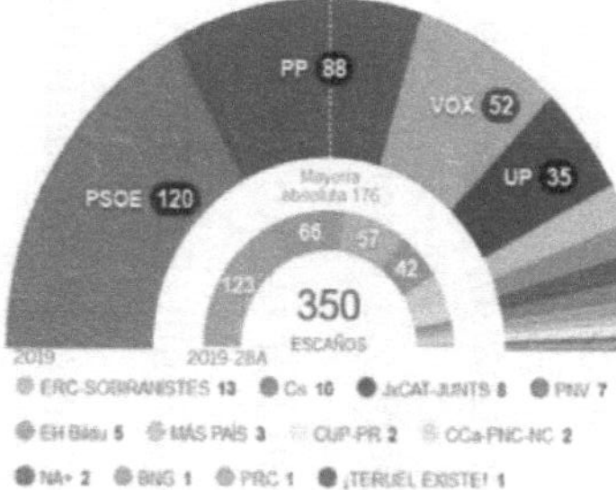

Reparto proporcional de escaños (1 persona, 1 voto). Solo se considera en el cómputo aquellos partidos que hayan obtenido al menos el 3% de los votos en al menos 2/3 de las provincias de España

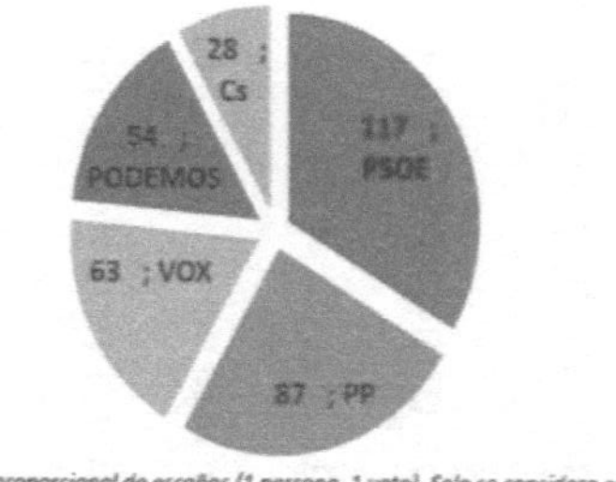

Resultado Elecciones Generales Noviembre 2019

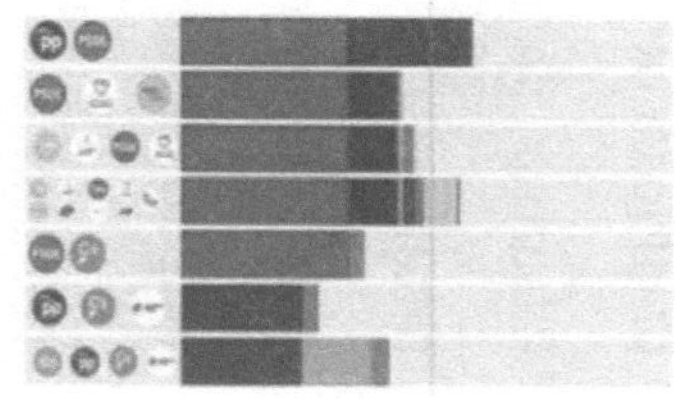

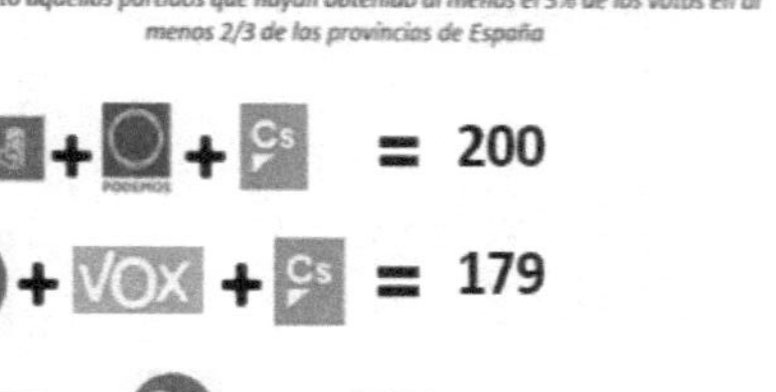

Como se puede comprobar viendo la gráfica anterior, con la nueva Ley Electoral:

- Pasamos de un parlamento fragmentado con 16 partidos a otro con únicamente 5 partidos

- Pasamos de tener un Congreso con más de la mitad de los partidos de índole regional (¡10 de 16!), a tener el cien por ciento de los partidos de ámbito exclusivo nacional (5 de 5)

- Se reducen drásticamente las distintas opciones de gobernabilidad, pasando de 7 posibles opciones de sumas a solo 3 opciones

- A destacar también que con este cambio los grandes partidos nacionales (PP y PSOE) no perderían peso significativo en el Congreso

Con mucho dolor tenemos que constatar desde que se publicó este libro en 2017 cómo han ido apareciendo cada vez más partidos de índole regional (Teruel Existe, Soria Ya, Por Ávila...) que han encontrado en la actual Ley Electoral un aliado para poder acceder al Congreso de los Diputados. Ya no son solo los partidos nacionalistas los que hacen un mal uso de la misma.

La gobernabilidad de este país es cada vez más compleja y lamentablemente estamos observando con cada vez mayor frecuencia concesiones a los partidos regionales aprovechándose de esta Ley injusta. Mientras se produce esta situación, los verdaderos problemas de los españoles (aquellos de ámbito económico -el paro, especialmente el juvenil-, la falta de recursos en la Sanidad y en la Educación, entre otros) siguen sin solucionarse y sin darle un enfoque nacional como se merece. Actualmente, todo se ve únicamente desde el prisma del regionalismo y del identitarismo.

Confío en que el lector, si no lo había hecho ya, haya podido llegar a la conclusión de que es imperativo urgir a las instituciones y a los grandes partidos nacionales de este país para que impulsen una reforma de la Ley Electoral en el sentido expresado en el presente libro.

Bibliografía

1. CIS. (Histórico hasta diciembre 2016). *Tres problemas principales que existen actualmente en España (Multirrespuesta %).* Obtenido de Indicadores percepción principales preocupaciones de los españoles: http://www.cis.es/cis/export/sites/default/-Archivos/Indicadores/documentos_html/TresProblemas.html

2. Robinson, D. A. (2012). *Por qué fracasan los países.* Grupo Planeta.

3. ABC. (12 de Agosto de 2015). El traspaso de competencias a las comunidades . *ABC.*

4. LibreMercado. (3 de Febrero de 2017). Institute for Research in Economic and Fiscal issues. *LibreMercado,*

págs. http://www.libremercado.com/2017-03-02/la-pyme-espanola-pierde-el-58-de-su-beneficio-en-impuestos-y-cotizaciones-1276593716/.

5. EXPANSIÓN. (24 de Agosto de 2016). Las autonomías disparan su número de funcionarios. *EXPANSIÓN*, págs. http://www.expansion.com/economia/funcion-publica/2016/08/17/57b35e5b468aebf1438b4598.html.

6. EL MUNDO. (27 Diciembre de 2016). El Estado y las CCAA suman ya una maraña de casi 100 impuestos. *EL MUNDO*, pág. http://www.elmundo.es/economia/2016/12/27/58616baae5fdea0b5b8b466e.html.

7. EL MUNDO. (30 de Noviembre de 2016). El Gobierno plantea una subida de impuestos de 6.000 millones. *EL MUNDO*, pág. http://www.elmundo.es/economia/2016/11/30/583f302cca4741be718b462e.html.

8. EL ECONOMISTA. (9 de Febrero de 2016). El coste de la corrupción en España: más de 7.500 millones saqueados. https://www.eleconomista.es/seleccionMS/noticias/7336771/02/16/El-coste-de-la-corrupcion-en-Espana-mas-de-7500-millones-saqueados.html

9. ABC. (9 de Enero de 2017). Santamaría insta al diálogo en el País Vasco «sin adhesiones ni imposiciones. *ABC*, págs. http://www.abc.es/espana/pais-vasco/abci-santamaria-insta-dialogo-pais-vasco-sin-adhesiones-imposiciones-201701091408_noticia.html.

10. ABC. (16 de Abril de 2002). Mas defiende el papel de la Corona como garante de la convivencia. *ABC*, págs. http://www.abc.es/hemeroteca/historico-16-04-2002/Catalunya/mas-defiende-el-papel-de-la-corona-como-garante-de-la-convivencia_92472.html.

11. Sainz, J. L. (2007). EL NACIMIENTO DE EUSKADI: EL ESTATUTO DE 1936 Y EL PRIMER GOBIERNO VASCO. *Artículo parate de un Proyecto de investigación subvencionado por el Ministerio de Ciencia e Innovación (ref. HAR2008-03691/HIST), en el marco de un Grupo de Investigación de la UPV/EHU (ref. GIU 07/16). ,* www.ehu.eus/ojs/index.php/HC/article/download/4099/3641.

12. Covite. (23 de Septiembre de 2016). COVITE alerta a la ONU de la creciente radicalización en el País Vasco y Navarra. *Covite*, págs. https://covite.org/destacada/covite-alerta-a-la-onu-de-la-creciente-radicalizacion-en-el-pais-vasco-y-navarra/.

13. Yuste, X. T. (2004). LOS DEBATES DEL ESTATUTO DE AUTONOMÍA DE CATALUÑA EN LAS CORTES REPUBLICANAS (MAYO AGOSTO DE 1932). EL IDIOMA CATALÁN Y EL SISTEMA ESCOLAR . *HAOL*, https://dialnet.unirioja.es/descarga/articulo/875879.pdf.

14. EL MUNDO. (10 de Septiembre de 2015). El sentimiento nacionalista en Cataluña, según el CIS. *EL MUNDO*, pág. http://www.elmundo.es/grafico/cataluna/2015/09/10/55f15d60e2704e38728b4577.html.